1回30分のSAトレーニング

FOCUS

―刑事訴訟法―

刑事訴訟法研究会　著

東京法令出版

はしがき

　日々の忙しい勤務をこなしつつ、昇任試験に挑戦しようとしている警察官の方！　試験には合格したいけれど、短時間でどのように効率よく勉強するか、悩まれていることでしょう。『FOCUS 刑事訴訟法』は、刑事訴訟法を効率よく「わかる」ようにするだけではなく、「解ける」ようにしてくれるテキストです。

　刑事訴訟法は、条文や判例の数がとても多い科目です。この条文や判例の数だけルールが存在します。そして、試験ではこれらのルールの理解が問われます。

　「条文」とか「判例」とかと聞くと、何だか堅苦しいイメージを持つかと思います。しかし、実は警察官の皆さんは、普段この「条文」や「判例」が作り出したルールに従って行動しているはずなのです。

　この堅苦しいようで実は身近にある刑事訴訟法のルールを、短時間で、「わかる」だけでなく「解ける」ようにするのが、本テキストなのです。

　本テキストでは、まず条文と問題を見てもらいます。きっと、初めは「難しい！　わからない！」と思うでしょう。しかし、その後、[STEP 1]で条文の趣旨をざっくりと理解して、[STEP 2]を読んで知識を広げて、[Focus]でまとまったポイントを押さえます。ここまでくると、「難しい！　わからない！」と思った問題が「わかる！　解けそう！」な問題へと変わっているはずです。

そして、本テキストはここで終わりません。

さらに進んで、［○×問題］で復習していきます。［Focus］で押さえたポイントを実際に問題として解いてみることで、「わかる！」が「解ける！」に変わっていきます。［○×問題］は試験直前の総復習にもとても役に立つと思います。是非、たくさん活用してください。

本テキストの作成には、2年以上の期間を費やしました。「効率的で」、「わかりやすく」、「解ける力がつく」テキストにするためにどうすればよいかをじっくり考えながら、一つひとつの単元を作り上げました。ですから、自信を持って言えます。

本テキストを使えば、「わかる」だけでなく「解ける」ようになります。

『FOCUS 刑事訴訟法』を手に取ってくださったのも何かのご縁です。昇任試験の刑事訴訟法の問題に自信をもって挑めるよう、徹底的に使ってください。皆さんの合格を心からお祈りしています。

　　令和4年8月

　　　　　　　　　　　　　　　　　刑事訴訟法研究会

本シリーズの特徴

　本書は「合格点を確実に取る」ためのワークブックです。忙しくて勉強する時間がとれない、何から勉強をすべきか分からない、本を開いても難しくて勉強が進まない……そんな方に向け、「簡単」「必要最小限」「受かる」をコンセプトとし、基礎を確実に固めることで、合格を目指します！

❶「昇任試験突破に必要な要点に絞って勉強できる」

　満点を取るためのテキストではなく、大事なポイントを確実に理解して合格を狙います。

　試験で狙われやすい項目のみをピックアップ。

❷「長い解説文がない」

　文章が長いとそれだけで理解の妨げに。余分な表現を除くことで、大事なポイントをつかみやすくしています。

❸「判例が読みやすい」

　表現を簡単にすることで、判例の分かりにくさ、読みにくさを解消。

❹「問題ありきの学習」

　「その判例の何が重要なのか」「どのように昇任試験で問われるのか」を意識しながら簡単に学習できるようにしています。

　以上の本書の特徴により、"解説文の書きぶりが難しく、頭に入ってこない"、"昇任試験まで時間がないが、分厚い問題集は今更できない"、"そもそも、勉強方法が分からない"方をサポートします。

Chapter 2　告　発 19分

関係条文

刑事訴訟法

（告発）
第239条　何人でも、犯罪があると思料するときは、告発をすることができる。
② 官吏又は公吏は、その職務を行うことにより犯罪があると思料するときは、告発をしなければならない。
（告訴・告発の方式）
第241条　告訴又は告発は、書面又は口頭で検察官又は司法警察員にこれをしなければならない。
② 検察官又は司法警察員は、口頭による告訴又は告発を受けたときは調書を作らなければならない。
（告訴・告発を受けた司法警察員の手続）
第242条　司法警察員は、告訴又は告発を受けたときは、速やかにこれに関する書類及び証拠物を検察官に送付しなければならない。
（告訴人等に対する起訴・不起訴等の通知）
第260条　検察官は、告訴、告発又は請求のあった事件について、公訴を提起し、又はこれを提起しない処分をしたときは、速やかにその旨を告訴人、告発人又は請求人に通知しなければならない。公訴を取り消し、又は事件を他の検察庁の検察官に送致したときも、同様である。

11

目安となる学習時間を記しています。

関係条文

　各Chapterの関連条文を冒頭に掲載。条文を基にした問題もあるので、丸暗記はしなくとも、触れておくとよいでしょう。

　なお、刑事訴訟法及び日本国憲法の各条文見出しについては、正文に付されていないため、本書の編集者により、付してあります。

 こんな問題が出る！

次は、被疑者の取調べに関する記述であるが、誤りはどれか。 3分

（1）被疑者を任意に取り調べていたところ、被疑者の弁護人が来署して被疑者との面会を求めた場合には、これを拒むことは許されない。
（2）被疑者を任意に取り調べている最中に、被疑者が急用を思い出して退去を申し出た場合、説得の範囲を超えて退去を妨害することは許されない。
（3）任意捜査中の被疑者を取り調べるため出頭を求めた際、当該被疑者が弁護士を立会人に置かなければ出頭しない旨申し立てても、それに応じる義務を負うものではない。
（4）取調べが相当期間中断した後、再びこれを開始する場合又は取調べ警察官が交代する場合には、前の告知の効果が残っているため、改めて告知を行わなくてもよい。
（5）やむを得ない理由がある場合のほかは、深夜又は長時間にわたる取調べを避けなければならず、午後10時から午前5時までの間に、又は1日につき8時間を超えて、被疑者の取調べを行うときは、警察本部長又は警察署長の承認を受けなければならない。

〔解答〕〔4〕

- -

STEP 1 　2分

被疑者の取調べは任意の取調べであり、出頭を求めて行う。
被疑者は、逮捕・勾留されていない場合には出頭要求に応じる義務はなく、いつでも自由に退去できる。
また、取調べに際しては、被疑者に対し、あらかじめ、自己の意思に反して供述をする必要がない旨を告げなければならない。

STEP 2 　4分

任意捜査としての被疑者の取調べは、「事案の性質」、「容疑の程度」、「被疑者の態度」など諸般の事情を考慮し、「社会通念上相当と認められる」限度で許容されると考えられている。

51

こんな問題が出る！

　実際の出題形式に沿った五肢択一式の問題です。設問中、問題を解く際に注意すべきワード、いわゆる「ひっかけポイント」、「正誤の判断で注目すべきポイント」を強調しています。ここを見て、問題の「怪しい部分」をかぎ分けられるようになりましょう。

STEP **1**

告訴とは、犯罪の被害者その他一定の者が、捜査機関に対して犯罪事実を申告し、その処罰を求める意思表示のことである。

STEP **2**

被害者は当然告訴をすることができるが、被害者にも色々と事情があり、被害者による告訴が期待できないこともある。そこで、法定代理人（被害者の親権者や後見人）には独立の（被害者がどう思っていようとも）告訴権を認めることで、被害者の保護を図っている（231条1項）。被害者が死亡した場合には、被害者の配偶者、直系の親族、兄弟姉妹が、被害者の明示した意思に反しない限り告訴をすることができる（231条2項）。

被疑者が被害者の法定代理人や配偶者のときには、被害者と法定代理人の利害が対立するため、告訴が期待できない（父・母や夫・妻を告訴するのは、あまり現実的でない）。そこで、この場合には被害者の保護を図るために、被害者の親族に独立の告訴権を認めている（232条）。

一度告訴をした後、公訴の提起までは取り消すことができる（237条1項）。しかし、告訴を取り消した後再び告訴することは認められていない（237条2項）。これらを認めると、被疑者が不安定な地位に置かれてしまうからである。

司法警察員は、告訴を受けたら、速やかに書類と証拠物を検察官に送付しなければならない（242条）。捜査の当初から法律の専門家である検察官を関与させることで、捜査が必要以上に長くならないようにすることがねらいである。

検察官は、告訴のあった事件について公訴を提起するかどうかを判断するが、①公訴の提起・不提起や、②公訴の取消しをしたら、そのことを告訴人に通知しなければならない（260条）。これは、検察官の恣意的な不起訴処分を防止するためである。

司法警察員
刑事訴訟法上の資格。捜査に関して司法巡査より上級の権限を与えられた司法警察職員。一般的には、巡査部長以上の階級の者を司法警察員としているが、必要に応じて、巡査も司法警察員として指定されることがある。

4

STEP **1**

そのChapterで扱っている条文の概要などの基本事項を掲載しています。

STEP **2**

条文解釈や STEP **1** からさらに踏み込んだ内容について解説しています。

欄外には、語句説明やその他のChapterで登場する事項の解説を記しています。

 ここに **Focus**

告発権者

❶ 告訴と違い、告発は誰でもすることができる。

❷ 公務員は、職務を行うことにより犯罪があると考えたときには告発をしなければならない。

告発の方法

❸ 告発は、書面か口頭で、検察官又は司法警察員に対して行う。

❹ 匿名の投書や密告などは告発とはいえない。

告発後の処理

❺ 検察官又は司法警察員は、口頭による告発を受けたときは調書を作らなければならない。

❻ 司法警察員は、告発を受けたときは、速やかに書類及び証拠物を検察官に送付しなければならない。

❼ 検察官は、告発のあった事件について、公訴を提起し、又は提起しない処分をしたときは、速やかにその旨を告発人に通知しなければならない。

14

 ここに **Focus**

「これさえ覚えてしまえば、SAに太刀打ちできる」という内容に絞り、まとめています。試験前の最終確認にも最適。

判例
A

Q 同行を拒絶した者の意に反して身体・着衣に手をかけて連行しようとすることは違法か？

A 違法である。

新潟地高田支判昭42.9.26

被告人が路上で横になってしまい「明日勤めがあるから帰ってくれ」と同行を拒絶し、午前４時すぎで人車の往来もなく人気も少ない場所である以上、警察官としてはそのままの状態で職務質問を行うか、言語による説得によって同行を承諾させることに限られたのであって、被告人の意に反しその身体、着衣に手をかけて引き起こし、連行を継続しようとすることは許されない。

判例
B

Q 逮捕状が発付されているのに、行き先を告げずに被疑者を警察署に連行して、取調べをすることは任意同行といえるか？

A 逮捕にあたり、任意同行とはいえない。

神戸地判昭43.7.9

あえて逮捕状を執行することなく、被疑者に対し「警察までちょっと来てくれ」と言ったのみで、行先も告げないまま、居合わせた警察官らが被疑者を取り囲んで居宅から連れ出し、タクシーに同乗させて警察署まで連行したうえ、被疑者の取調べを開始した行為は、被疑者の身体の自由を拘束する行為であり、実質的にみれば、右連行によって被疑者に対する逮捕行為が開始されたものといえる。

判例

Chapterに関する判例を紹介。実際にどんな事件が起き、どんな判決が下されたかを知ることで、自分の中でより具体的にイメージできるようにしていきましょう。

本書では、判例の文章を単に抜粋するのではなく、事件の概要や裁判の争点・結果を、やさしい言葉で紹介しています。

○×問題で復習

Q （1）告発をすることができるのは、一定の告発権者に限られている。
（2）告発は、口頭ではなく書面でしなければならない。
（3）司法警察員は、口頭による告発を受けたときは、調書を作らなければならない。
（4）司法警察員は、書面による告発を受けたときにのみ、速やかに書類及び証拠物を検察官に送付しなければならない。
（5）検察官は、告発のあった事件について、公訴を提起し、又は提起しない処分をしたときは、速やかにその旨を告発人に通知しなければならない。

○×問題で復習

各Chapterの総まとめです。知識が定着しているか、一問一答式の問題を解いて確認してみましょう。これがすべて解ければ、バッチリ。解けなかった問題は解答解説で確認しましょう。

Part ①

捜査の端緒

Chapter 1　告　訴 ⏱30分

関係条文

·········· **刑事訴訟法** ··········

（告訴権者）
第230条　犯罪により害を被つた者は、告訴をすることができる。
（同前）
第231条　被害者の法定代理人は、独立して告訴をすることができる。
②　被害者が死亡したときは、その配偶者、直系の親族又は兄弟姉妹は、告訴をすることができる。但し、被害者の明示した意思に反することはできない。
（同前）
第232条　被害者の法定代理人が被疑者であるとき、被疑者の配偶者であるとき、又は被疑者の四親等内の血族若しくは三親等内の姻族であるときは、被害者の親族は、独立して告訴をすることができる。
（同前）
第233条　死者の名誉を毀損した罪については、死者の親族又は子孫は、告訴をすることができる。
②　名誉を毀損した罪について被害者が告訴をしないで死亡したときも、前項と同様である。但し、被害者の明示した意思に反することはできない。
（告訴の取消し）
第237条　告訴は、公訴の提起があるまでこれを取り消すことができる。
②　告訴の取消をした者は、更に告訴をすることができない。
③　（略）
（告訴の不可分）
第238条　親告罪について共犯の一人又は数人に対してした告訴又はその取消は、他の共犯に対しても、その効力を生ずる。
②　（略）
（告発）
第239条　何人でも、犯罪があると思料するときは、告発をすることができる。
②　官吏又は公吏は、その職務を行うことにより犯罪があると思料するときは、告発をしなければならない。
（告訴の代理）
第240条　告訴は、代理人によりこれをすることができる。告訴の取消についても、同様

である。

　（告訴・告発の方式）

第241条　告訴又は告発は、書面又は口頭で検察官又は司法警察員にこれをしなければならない。

②　検察官又は司法警察員は、口頭による告訴又は告発を受けたときは調書を作らなければならない。

　（告訴・告発を受けた司法警察員の手続）

第242条　司法警察員は、告訴又は告発を受けたときは、速やかにこれに関する書類及び証拠物を検察官に送付しなければならない。

　（自首）

第245条　第241条及び第242条の規定は、自首についてこれを準用する。

　（告訴人等に対する起訴・不起訴等の通知）

第260条　検察官は、告訴、告発又は請求のあつた事件について、公訴を提起し、又はこれを提起しない処分をしたときは、速やかにその旨を告訴人、告発人又は請求人に通知しなければならない。公訴を取り消し、又は事件を他の検察庁の検察官に送致したときも、同様である。

こんな問題が出る！

次は、告訴に関する記述であるが、誤りはどれか。

〔1〕　親告罪における告訴は、一旦取り消すと、再び同一事実について告訴をすることはできない。

〔2〕　告訴は、検察官または司法警察員に対して行うことが必要であるが、その様式については、必ずしも書面によることを要せず、口頭でもよい。

〔3〕　被害者が死亡したときは、その配偶者、直系の親族又は兄弟姉妹が告訴権者となり、被害者の明示的意思に反してでも告訴をすることができる。

〔4〕　被害者に法定代理人がいる場合には、法定代理人も告訴権者となることができ、被害者の明示的意思に反してでも独立して告訴をすることができる。

〔5〕　告訴は、犯罪事実の申告及び犯人の処罰を求める意思表示を内容とする訴訟行為であるから、当該法律行為の意味を理解する能力があれば、子どもであっても告訴をすることができる。

〔解答〕〔3〕

STEP 1

告訴とは、犯罪の被害者その他一定の者が、捜査機関に対して犯罪事実を申告し、その処罰を求める意思表示のことである。

STEP 2

被害者は当然告訴をすることができるが、被害者にも色々と事情があり、被害者による告訴が期待できないこともある。そこで、法定代理人（被害者の親権者や後見人）には独立の（被害者がどう思っていようとも）告訴権を認めることで、被害者の保護を図っている（231条1項）。被害者が死亡した場合には、被害者の配偶者、直系の親族、兄弟姉妹が、被害者の明示した意思に反しない限り告訴をすることができる（231条2項）。

被疑者が被害者の法定代理人や配偶者のときには、被害者と法定代理人の利害が対立するため、告訴が期待できない（父・母や夫・妻を告訴するのは、あまり現実的でない）。そこで、この場合には被害者の保護を図るために、被害者の親族に独立の告訴権を認めている（232条）。

一度告訴をした後、公訴の提起までは取り消すことができる（237条1項）。しかし、告訴を取り消した後再び告訴することは認められていない（237条2項）。これらを認めると、被疑者が不安定な地位に置かれてしまうからである。

司法警察員は、告訴を受けたら、速やかに書類と証拠物を検察官に送付しなければならない（242条）。捜査の当初から法律の専門家である検察官を関与させることで、捜査が必要以上に長くならないようにすることがねらいである。

検察官は、告訴のあった事件について公訴を提起するかどうかを判断するが、①公訴の提起・不提起や、②公訴の取消しをしたら、そのことを告訴人に通知しなければならない（260条）。これは、検察官の恣意的な不起訴処分を防止するためである。

司法警察員

刑事訴訟法の資格。捜査に関して司法巡査より上級の権限を与えられた司法警察職員。一般的には、巡査部長以上の階級の者を司法警察員としているが、必要に応じて、巡査も司法警察員として指定されることがある。

ここに **Focus**

⑤分

告訴の方法

❶ 告訴は書面か口頭で検察官又は司法警察員に対してする。

❷ 電話で告訴をすることはできない。【判例A】

❸ 告訴は告訴権者の代理人がすることもできる。

告訴権者

❹ 犯罪の被害者は告訴をすることができる。

❺ 犯人の処罰を求めていれば、子どもの告訴も有効である。【判例B】

❻ 被害者の法定代理人（被害者の親権者・後見人）は、被害者とは別に独立の告訴権を有しており、法定代理人は、被害者本人の告訴権が消滅した後も告訴をすることができる。【判例C】

❼ 被害者の法定代理人の告訴権は独立の権利であるから、法定代理人は、被害者の明示的意思に反して、告訴をすることができる。

❽ 被害者が死亡した場合には、被害者の明示の意思に反しない限り、配偶者（夫・妻）、直系の親族（子、父母、祖父母など）又は兄弟姉妹は、告訴をすることができる。

❾ 被害者の法定代理人が被疑者、被疑者の配偶者、被疑者の四親等内の血族、三親等内の姻族であるときは、被害者の親族は、独立して告訴をすることができる。

❿ 死者の名誉を毀損した罪については、死者の親族又は子孫は、告訴をすることができる。

⓫ 名誉を毀損した罪について、被害者が告訴をしないで死亡したときは、死者の親族又は子孫は被害者の明示の意思に反しない限り、告訴をすることができる。

告訴後の処理

⓬ 検察官又は司法警察員は、口頭による告訴を受けたときは調書を作らなければならない。

⓭ 司法警察員は、告訴を受けたときは、速やかに書類及び証拠物を検察官に送付しなければならない。

⓮ 検察官は、告訴のあった事件について、公訴を提起し、又は提起しない処分をしたときは、速やかにその旨を告訴人に通知しなければならない。

告訴の取消し

⑮　告訴は、公訴の提起があるまでは取り消すことができるが、告訴の取消し後は再び告訴することができない。

⑯　告訴の取消しは、代理人がすることもできる。

共犯の場合

⑰　親告罪について共犯の一部の者に対してした告訴又はその取消しは、他の共犯に対しても、その効力を生ずる。

判例 A

Q 電話で告訴することはできるか？

A できない。

東京高判昭35.2.11
　口頭とは本来対話者が直接、面と向かってする応対を指すから、電話によって告訴をすることはできない。

判例 B

Q 子どもによる告訴は有効か？

A 犯人に対して処罰を希望する意思を表明していれば有効である。

最決昭32.9.26
　犯人に対して処罰を希望する意思を表明していれば、中学2年生の被害者の告訴も有効である。

東京地判平15.6.20
　12歳の小学6年生であっても、被告人を処罰してほしい旨や、許すことはできないのでできるだけ長く牢屋に入れてほしいなどと述べており、被害の内容を具体的に認識しつつ、被害感情を持って被告人に対する処罰を求めている場合には、告訴は有効である。

判例 C

Q 法定代理人は、被害者本人の告訴権が消滅した後でも告訴ができるか？

A できる。

最決昭28.5.29
　法定代理人の告訴権は独立して行使できる固有の権利であるから、犯罪のあった時から6か月を過ぎていたとしても、法定代理人が犯罪の事実を知った時から6か月を経過していなければ、告訴は有効である。

○×問題で復習

Q 〔1〕 告訴は必ず書面でしなければならない。

〔2〕 告訴を電話ですることはできない。

〔3〕 告訴権者は犯罪の被害者のみである。

〔4〕 被害者が子どもであっても、被害の内容を具体的に認識しつつ、被害感情を持って犯人に対する処罰を求めている場合には告訴は有効である。

〔5〕 告訴は、必ず告訴権者本人がしなければならない。

〔6〕 被害者の父母は、被害者とは別に独立して告訴をすることができる。

〔7〕 被害者が死亡した場合には、もはや告訴をすることはできなくなる。

〔8〕 死者の名誉を毀損した罪については、死者の親族又は子孫は、告訴をすることができる。

〔9〕 告訴は、公訴の提起があるまでは取り消すことができ、また、告訴を取り消した後、再び告訴をすることもできる。

〔10〕 司法警察員は、書面による告訴を受けたときは、調書を作らなければならない。

〔11〕 司法警察員は、告訴を受けたときは、速やかに書類及び証拠物を検察官に送付しなければならない。

〔12〕 検察官は、告訴のあった事件について、公訴を提起し、又は提起しない処分をしたときは、速やかにその旨を告訴人に通知しなければならない。

解答解説

×〔1〕　告訴は<u>必ず書面でしなければならない</u>。
　　　　　　口頭でもできる

○〔2〕　告訴を電話ですることはできない。

×〔3〕　告訴権者は犯罪の被害者のみである。
　　　　　　被害者の法定代理人や、被害者が死亡している場合は配偶者や直系の親族、兄弟姉妹
　　　　　　も告訴できる

○〔4〕　被害者が子どもであっても、被害の内容を具体的に認識しつつ、被害感情を
　　　　　持って犯人に対する処罰を求めている場合には告訴は有効である。

×〔5〕　告訴は、<u>必ず告訴権者本人がしなければならない</u>。
　　　　　　告訴権者の代理人も告訴ができる

○〔6〕　被害者の父母は、被害者とは別に<u>独立して告訴をすることができる</u>。
　　　　　　被害者の法定代理人の告訴権は独立の権利である

×〔7〕　被害者が死亡した場合には、もはや告訴をすることはできなくなる。
　　　　　　被害者が死亡した場合は、法定代理人はもちろんのこと、被害者の明示の意思に反し
　　　　　　ない限り、配偶者や直系の親族、兄弟姉妹も告訴できる

○〔8〕　死者の名誉を毀損した罪については、死者の親族又は子孫は、告訴をすること
　　　　　ができる。

×〔9〕　告訴は、公訴の提起があるまでは取り消すことができ、また、<u>告訴を取り消し</u>
　　　　　　　　　　　　　　　　　　　　　　　　　　　　　　　　　告訴を取り消し
　　　　　<u>た後、再び告訴をすることもできる</u>。
　　　　　　た後は、再び告訴できない

✕〔10〕　司法警察員は、<u>書面による告訴</u>を受けたときは、調書を作らなければならない。
　　　　　　口頭による告訴を受けたとき

○〔11〕　司法警察員は、告訴を受けたときは、速やかに書類及び証拠物を検察官に送付

　　　しなければならない。

○〔12〕　検察官は、告訴のあった事件について、公訴を提起し、又は提起しない処分を

　　　したときは、速やかにその旨を告訴人に通知しなければならない。

 2 告　発

関係条文

········· **刑事訴訟法** ·········

（告発）
第239条　何人でも、犯罪があると思料するときは、告発をすることができる。
②　官吏又は公吏は、その職務を行うことにより犯罪があると思料するときは、告発をしなければならない。
（告訴・告発の方式）
第241条　告訴又は告発は、書面又は口頭で検察官又は司法警察員にこれをしなければならない。
②　検察官又は司法警察員は、口頭による告訴又は告発を受けたときは調書を作らなければならない。
（告訴・告発を受けた司法警察員の手続）
第242条　司法警察員は、告訴又は告発を受けたときは、速やかにこれに関する書類及び証拠物を検察官に送付しなければならない。
（告訴人等に対する起訴・不起訴等の通知）
第260条　検察官は、告訴、告発又は請求のあつた事件について、公訴を提起し、又はこれを提起しない処分をしたときは、速やかにその旨を告訴人、告発人又は請求人に通知しなければならない。公訴を取り消し、又は事件を他の検察庁の検察官に送致したときも、同様である。

こんな問題が出る！

次は、告発に関する記述であるが、誤りはどれか。

〔1〕「告発」とは、犯人及び告訴権者以外の第三者が捜査機関に犯罪事実を申告して犯人の処罰を求める意思表示をいうが、匿名の投書によるものでも告発といえる。

〔2〕　告発は、検察官又は司法警察員に対して行うことが必要であるが、その様式については、必ずしも書面によることを要せず、口頭でもよい。

〔3〕　司法警察員が告発を受理した場合には、速やかにこれに関する書類及び証拠物を検察官に送付しなければならない。

〔4〕　検察官は、告発のあった事件について、公訴を提起し、又は提起をしない処分をした時は、速やかにその旨を告発人に通知しなければならない。

〔5〕　官吏又は公吏は、その職務を行うことにより犯罪があると思料するときは、告発をしなければならない。

〔解答〕〔1〕

STEP 1

　告発とは、犯人及び告訴権者以外の第三者が、捜査機関に対し、犯罪事実を申告して処罰を求める意思表示のことである。

STEP 2

　告発は、告訴とは違い、誰でも（＝犯人及び告訴権者以外の第三者が）することができる。告発は、捜査機関に対して犯罪事実を申告して処罰を求める意思表示、という点では告訴と同じである。そのため、告発の方法や、告発を受けた検察官や司法警察員の手続も同じである（241条、242条）。

　ただし、告発は、告訴と違って公訴提起後も取り消すことが可能で、再告発もできる。告訴と告発は似て非なるものである。

告訴と告発

	告　訴	告　発
意　義	犯罪の被害者その他一定の者が、捜査機関に対して犯罪事実を申告し、その処罰を求める意思表示	犯人及び告訴権者以外の第三者が、捜査機関に対し、犯罪事実を申告して処罰を求める意思表示
権利者	被害者及び法定代理人など一定の者	犯人及び告訴権者以外の第三者 ※公務員には職務について告発の義務あり
方　法	書面又は口頭	
事後処理	①司法警察員 　口頭による告訴・告発の場合は、調書を作成 　→検察官に書類及び証拠物を送付 ②検察官 　口頭による告訴・告発の場合は、調書を作成 　→公訴提起の判断及びその通知	
取消し	公訴提起前は取消し可能、再告訴は不可	公訴提起前後ともに取消し可能、再告発が可能

公訴

似ている言葉として「公訴」がある。「公訴」とは、公の立場でなされる刑事の訴えである。

※公訴は検察官のみ提起することができる。

PART 1 捜査の端緒

ここに **Focus**

告発権者

❶　告訴と違い、告発は誰でもすることができる。

❷　公務員は、職務を行うことにより犯罪があると考えたときには告発をしなければならない。

告発の方法

❸　告発は、書面か口頭で、検察官又は司法警察員に対して行う。

❹　匿名の投書や密告などは告発とはいえない。

告発後の処理

❺　検察官又は司法警察員は、口頭による告発を受けたときは調書を作らなければならない。

❻　司法警察員は、告発を受けたときは、速やかに書類及び証拠物を検察官に送付しなければならない。

❼　検察官は、告発のあった事件について、公訴を提起し、又は提起しない処分をしたときは、速やかにその旨を告発人に通知しなければならない。

○×問題で復習

Q 〔1〕　告発をすることができるのは、一定の告発権者に限られている。

〔2〕　告発は、口頭ではなく書面でしなければならない。

〔3〕　司法警察員は、口頭による告発を受けたときは、調書を作らなければならない。

〔4〕　司法警察員は、書面による告発を受けたときにのみ、速やかに書類及び証拠物を検察官に送付しなければならない。

〔5〕　検察官は、告発のあった事件について、公訴を提起し、又は提起しない処分をしたときは、速やかにその旨を告発人に通知しなければならない。

解答解説

×〔1〕 告発をすることができるのは、<u>一定の告発権者に限られている</u>。
　　　　　告発は誰でもできる

×〔2〕 告発は、口頭ではなく<u>書面でしなければならない</u>。
　　　　　口頭でも告発できる

○〔3〕 司法警察員は、口頭による告発を受けたときは、調書を作らなければならない。

×〔4〕 司法警察員は、<u>書面による告発を受けたときにのみ</u>、速やかに書類及び証拠物
　　　　　書面、口頭にかかわらず
　　を検察官に送付しなければならない。

○〔5〕 検察官は、告発のあった事件について、公訴を提起し、又は提起しない処分を

　　したときは、速やかにその旨を告発人に通知しなければならない。

Chapter 3　自　首　（24分）

関係条文

········· 刑事訴訟法 ·········

（自首）
第245条　第241条及び第242条の規定は、自首についてこれを準用する。

こんな問題が出る！

次は、自首に関する記述であるが、誤りはどれか。（3分）

〔1〕　自首は、捜査機関において犯罪の発生を認知していない段階に限って成立するものであり、捜査機関が犯罪の発生を認知した後は、たとえ犯人の特定に至っていなくとも、自首は成立しない。

〔2〕　自首は、刑事訴訟法上は捜査の端緒と位置づけられるにすぎないが、裁判では自首の成立が認められた場合には、刑が減軽されることがある。

〔3〕　捜査機関が口頭による自首を受理する場合には、自首調書を作成するが、自首調書の作成に際しては、自首をした者に対し、供述拒否権の告知をしなくてもよい。

〔4〕　自首するつもりで交番の前まで行ったところ、交番で勤務中の警察官に挙動不審者として職務質問を受けたとしても、職務質問の開始後直ちに犯罪事実を申告すれば、なお自首が成立する。

〔5〕　警察署を訪れて、「刑務所に入りたい」旨述べた者に対し、警察官が「何かやったんだろう」と追及をしたところ、窃盗の犯行を自供した場合には、自発的な犯罪事実の申告があったといえるから、自首が成立する。

〔解答〕〔1〕

STEP 1

自首とは、捜査機関に発覚する前に犯人が進んで自己の犯罪事実を捜査機関に申告し、処分に服する旨の申告をすることである。

STEP 2

犯罪があったことと犯人が誰かということが捜査機関に明らかになった後は、自首は認められない。つまり、事件が発覚し、犯人はAだ！となった段階で、Aの居場所が分からず捜しているときに、Aが「自分がその犯罪の犯人です」と申告しても、自首にはならない。

自首は他人に頼んでも成立するが、あくまでも自発的にしなければならないので、取調べや職務質問に応じる形で犯罪を申告しても自首は成立しない。例えば、職務質問の際に所持品の提示を求められて、拳銃の不法所持の事実を申告した場合は、自首にあたらない。

他方で、警察署を訪れて警部補に「刑務所に行きたい。寒い。食えない」と言ったところ、警部補に「何かやったんだろう」と言われ、窃盗の事実を申告した場合には、取調べや職務質問を原因として申告したわけではないため、自首が成立する。

自首があれば裁判で刑を軽くすることができるのは、自首によって捜査が容易になるからである。ただし、軽くすることが「できる」だけで、必ず軽くなるわけではないので、注意が必要である。

ここに Focus

⏱ 5分

❶　自首は、犯罪の事実が全く発覚していない場合や、犯罪の事実は発覚していても犯人が誰かが発覚していない場合に成立する。【判例Ａ】

自首の方法

❷　自首は、書面か口頭で、検察官又は司法警察員にしなければならない。

❸　他人に頼んで（使者を介して）意思を伝えることでも、自首は成立する。【判例Ｂ】

❹　警察官による職務質問や取調べの際に犯罪事実を申告した場合、その申告が職務質問や取調べを原因としてしたものでなければ、自首は成立する。

自首後の手続

❺　司法警察員は、自首を受けたときは、速やかに書類及び証拠物を検察官に送付しなければならない。

❻　口頭による自首を受理した場合には、自首調書を作成するが、自首調書の作成に際しては、自首をした者に対し供述拒否権の告知をしなくてもよい。

自首の効果

❼　自首した者の刑は、裁判で減軽することができるが、必ず減軽されるわけではない。

判例
A

Q 自首が成立するのはどのような場合か？

A 犯罪の事実が全く発覚していない場合や、犯罪の事実は発覚していても犯人が誰かが発覚していない場合。

最判昭24.5.14
　犯罪の事実が全く発覚していない場合や、犯罪の事実は発覚していても犯人が誰かが発覚していない場合には自首が成立するが、犯罪事実及び犯人が誰であるか判明しているものの犯人の所在だけが判明していない場合には自首は成立しない。

判例
B

Q 他人に頼んで自己の犯罪を申告した場合、自首は成立するか？

A 成立する。

最判昭23.2.18
　自首は必ずしも犯人が自分でする必要はなく、他人に頼んで自己の犯罪を申告したときも自首は有効である。

判例
C

Q 自首は自ら進んでする必要があるか？

A ある。

大阪高判昭50.11.5
　警察官から職務質問を受け所持品の提示を求められた際に、拳銃不法所持の事実を申告した場合は、自首にあたらない。

東京地判平15.1.28
　被告人が警察署を訪れ、警部補に対して「刑務所に行きたい。寒い。食えない」などと言ったので、警部補が被告人に対し、「何だ、お前、何かやったんだろう」などと尋ねたところ、被告人が、「1週間くらい前に、人の車の中からバッグを盗みました」などと述べたときには、自首が成立する。

○×問題で復習

Q　〔1〕　犯罪があったことと犯人が自分であることがすでに捜査機関に発覚しているときには自首は成立しない。

〔2〕　自首は、書面か口頭で、検察官又は司法警察員にしなければならない。

〔3〕　犯罪があったことと犯人が自分であることが発覚する前に、犯人Aが自首をしようとしたが、勇気が出なかったため、Bにお願いして、Aの犯罪を警察官に伝えてもらった場合は、自首が成立する。

〔4〕　Aは警察官Bから職務質問を受け、所持品の提示を求められた。その際にAは拳銃を所持していたため、Bに対して拳銃を不法に所持していることを伝えた。この場合Aには自首が成立する。

〔5〕　Aは警察官Bから職務質問を受け、所持品の提示を求められた。特にAから怪しい物は見つからずに職務質問はそれで終わったが、Aは1週間前にスーパーで万引きしたことをBに申告した。BはAの窃盗事件に対して嫌疑を抱いていたわけではなかった。この場合、Aの申告は自首にあたる。

〔6〕　司法警察員は、自首を受けたときは、速やかに書類及び証拠物を検察官に送付しなければならない。

〔7〕　自首した者の刑は、裁判で必ず減軽しなければならない。

解答解説

○〔1〕　犯罪があったことと犯人が自分であることがすでに捜査機関に発覚しているときには自首は成立しない。

○〔2〕　自首は、書面か口頭で、検察官又は司法警察員にしなければならない。

○〔3〕　犯罪があったことと犯人が自分であることが発覚する前に、犯人Aが自首をしようとしたが、勇気が出なかったため、Bにお願いして、Aの犯罪を警察官に伝えてもらった場合は、自首が成立する。

使者を介して意思を伝えることでも自首は
成立する

×〔4〕　Aは警察官Bから職務質問を受け、所持品の提示を求められた。その際にAは拳銃を所持していたため、Bに対して拳銃を不法に所持していることを伝えた。この場合Aには自首が成立する。

職務質問を原因として犯罪事実を申告したときは、自首は
成立しない

○〔5〕　Aは警察官Bから職務質問を受け、所持品の提示を求められた。特にAから怪しい物は見つからずに職務質問はそれで終わったが、Aは1週間前にスーパーで万引きしたことをBに申告した。BはAの窃盗事件に対して嫌疑を抱いていたわけではなかった。この場合、Aの申告は自首にあたる。

職務質問を原因として犯罪事実を申告したとは
いえない

○〔6〕　司法警察員は、自首を受けたときは、速やかに書類及び証拠物を検察官に送付しなければならない。

×〔7〕　自首した者の刑は、裁判で必ず減軽しなければならない。

必ず減軽されるわけではない

Chapter 4 検 視 ⏱20分

関係条文

········ 刑事訴訟法 ·········

（検視）

第229条　変死者又は変死の疑のある死体があるときは、その所在地を管轄する地方検察庁又は区検察庁の検察官は、検視をしなければならない。

②　検察官は、検察事務官又は司法警察員に前項の処分をさせることができる。

> **こんな問題が出る！**
>
> ### 次は、検視に関する記述であるが、誤りはどれか。

〔1〕　検視は捜査前の処分であり、強制処分ではないため、令状は必要ない。

〔2〕　検察官は必ず自ら検視をしなければならず、司法警察員に検視をさせることはできない。

〔3〕　「変死」とは、自然死でなく犯罪によって死亡したのではないかと疑われる死のことである。

〔4〕　検視にあたっては、変死体のある場所に立ち入ることができるが、その場で捜索にあたる処分はできない。

〔5〕　検視にあたっては、変死体を検査することができるが、外表を検査することができるだけであるから、血液を採取したり体を切開したりすることはできない。

〔解答〕〔2〕

STEP 1

1分

　検視とは、変死者又は変死の疑いのある死体について、その死が犯罪に起因するかどうかを判断するため、五官の作用により死体の状況を見分する処分のことである。ここでの「検視」は「司法検視」のことであり、「行政検視」とは区別される。

STEP 2

5分

　司法検視が、変死者又は変死の疑いのある死体について行われる検視のことで、その死が犯罪と関係があるかどうかを判断するために行われるものであるのに対して、行政検視は、変死の疑いのない死体について、犯罪とは関係なく、死因の特定や身元の確認などのために行われるものである。

　区別のポイントは、犯罪と関係があるかどうかを判断するために行う検視かどうか、という点である。刑事訴訟法は犯罪に関する法律なので、ここで登場する「検視」は「司法検視」である。

　検視は捜査前の処分であり、強制処分ではないため、令状は必要ない。

検証

検視と似ている言葉に「検証」があるが、これは検視とは別の処分であり、強制処分であるため令状が必要である。

検視と検証

	検視（司法検視）	検　証
意　義	変死者又は変死の疑いのある死体について、その死が犯罪に起因するかどうかを五官の作用により判断するために行われる任意の処分	場所・物・人の身体につき、五官の作用により、その存在・内容・形状・性質等を認識する強制処分
性　質	任意処分	強制処分
令状の要否	不要	必要
主　体	検察官、検察事務官・司法警察員 ※検察事務官・司法警察員による場合は代行検視と呼ばれる。	検察官、検察事務官・司法警察職員

ここに Focus

5分

司法検視と行政検視

❶　司法検視とは、変死者又は変死の疑いのある死体について、犯罪と関係があるかどうかを判断するために行われる検視のことである。

❷　行政検視とは、変死の疑いのない死体について、犯罪とは関係なく、死因の特定や身元の確認などのために行われる検視のことである。

❸　刑事訴訟法に登場する検視は司法検視のことである。

令状の要否

❹　検視は捜査前の処分であり強制処分ではないため、令状は必要ない。

❺　「検証」は検視とは別の処分であり、強制処分であるため令状が必要である。

検視の主体

❻　検視は検察官が行うのが原則であるが、検察官は検察事務官又は司法警察員に検視を行わせることもできる（代行検視）。

検視でできること

❼　検視にあたっては、変死体のある場所に立ち入ることができるが、その場で捜索にあたる処分はできない。

❽　検視にあたっては変死体を検査することができるが、外表を検査することができるだけであるから、血液を採取したり、体を切開したりすることはできない。

変　死

❾　「変死」とは、自然死でなく犯罪によって死亡したのではないかと疑われる死のことである。

❿　検察官は、必要に応じ、検察事務官、司法警察員に検視をさせることができる。

○×問題で復習

Q　〔1〕　変死者又は変死の疑いのある死体について行う検視を司法検視という。

　　〔2〕　検視は捜査前の処分ではあるが、令状が必要である。

　　〔3〕　検視をする際には、変死体のある場所に立ち入ることができる。

　　〔4〕　検視をする際には、捜索にあたる処分をすることができる。

　　〔5〕　検視では変死体を検査することができ、血液を採取したり、体を切開したりすることもできる。

　　〔6〕　「変死」とは、自然死でなく犯罪によって死亡したのではないかと疑われる死のことである。

解答解説

○〔1〕 変死者又は変死の疑いのある死体について行う検視を司法検視という。

×〔2〕 検視は捜査前の処分ではあるが、令状が必要である。
　　　　　　　　　　　　　　　強制処分ではないため、令状は必要ない

○〔3〕 検視をする際には、変死体のある場所に立ち入ることができる。

×〔4〕 検視をする際には、捜索にあたる処分をすることができる。
　　　　　　　　　　　　捜索にあたる処分をすることはできない

×〔5〕 検視では変死体を検査することができ、血液を採取したり、体を切開したりす
　　　　　　　　　　　　　　　　　外表を検査することができるだけである
　　るることもできる。

○〔6〕 「変死」とは、自然死でなく犯罪によって死亡したのではないかと疑われる死
　　のことである。

Part 2

捜査の指揮

1 検察官 23分

関係条文

········· **刑事訴訟法** ·········

（検察官・検察事務官と捜査）
第191条　検察官は、必要と認めるときは、自ら犯罪を捜査することができる。
②　（略）
（捜査に関する協力）
第192条　検察官と都道府県公安委員会及び司法警察職員とは、捜査に関し、互に協力しなければならない。
（検察官の司法警察職員に対する指示・指揮）
第193条　検察官は、その管轄区域により、司法警察職員に対し、その捜査に関し、必要な一般的指示をすることができる。この場合における指示は、捜査を適正にし、その他公訴の遂行を全うするために必要な事項に関する一般的な準則を定めることによつて行うものとする。
②　検察官は、その管轄区域により、司法警察職員に対し、捜査の協力を求めるため必要な一般的指揮をすることができる。
③　検察官は、自ら犯罪を捜査する場合において必要があるときは、司法警察職員を指揮して捜査の補助をさせることができる。
④　前三項の場合において、司法警察職員は、検察官の指示又は指揮に従わなければならない。
（司法警察職員に対する懲戒罷免の訴追）
第194条　検事総長、検事長又は検事正は、司法警察職員が正当な理由がなく検察官の指示又は指揮に従わない場合において必要と認めるときは、警察官たる司法警察職員については、国家公安委員会又は都道府県公安委員会に、警察官たる者以外の司法警察職員については、その者を懲戒し又は罷免する権限を有する者に、それぞれ懲戒又は罷免の訴追をすることができる。
②　（略）

こんな問題が出る！

次は、司法警察職員と検察官の関係に関する記述であるが、誤りはどれか。

〔1〕　検察官と都道府県公安委員会及び司法警察職員とは、捜査に関し、互いに協力しなければならない。

〔2〕　検察官は、その管轄区域により、司法警察職員に対し、その捜査に関し必要な一般的指示をすることができる。この場合における指示は、一般的な準則の形式で行うこととされている。

〔3〕　検察官は、その管轄区域により、司法警察職員に対し、捜査の協力を求めるため必要な一般的指揮をすることができる。

〔4〕　検察官は、自ら犯罪を捜査する場合において必要があるときは、司法警察職員を指揮して捜査の補助をさせることができる。この「自ら犯罪を捜査する場合」には、司法警察員から送致（付）された事件の捜査をする場合は含まれない。

〔5〕　検事総長、検事長又は検事正は、警察官たる司法警察職員が正当な理由がなく検察官の指示又は指揮に従わない場合において必要と認めるときは、国家公安委員会又は都道府県公安委員会に対して、懲戒又は罷免の訴追をすることができる。

〔解答〕〔4〕

· ·

STEP 1

　検察官は、刑事事件について、公訴（公の立場でなされる刑事の訴え）の提起を行い、裁判所に法の正当な適用を請求して、裁判の執行を監督する者であり、自ら犯罪の捜査をすることもできる。

STEP 2

　捜査機関には、①検察官、②検察事務官、③司法警察職員（司法警察員・司法巡査）の3種類がある。①検察官と③司法警察職員はどちらも捜査を行う点は同じであり、協力して捜

査をしなければならない。

　検察官は公訴を提起するかどうかを判断するために、自ら捜査（被疑者の取調べや捜索・差押えなど）をすることもあり、必要があれば司法警察職員に補助をさせることができる（具体的指揮権、193条3項）。また、広域捜査のときには、関係司法警察職員一般に対して捜査の協力を求めることができ（一般的指揮権、193条2項）、捜査の一般的なことについては準則の形式（例えば、微罪事件の送致の特例）で指示をすることができる（一般的指示権、193条1項）。

ここに**Focus**

検察官

❶　検察官は公訴の提起と裁判の執行を監督する者である。

❷　検察官は捜査権限を有しており、自ら犯罪の捜査をすることもできる。

検察官と司法警察職員の関係

❸　検察官と司法警察職員は協力して捜査をしなければならない。

❹　検察官は捜査の遂行に関する一般的な準則を定めることで、一般的な指示をすることができる（一般的指示権）。

❺　検察官は、数個の警察署にまたがる事件の広域捜査の場合に、関係する司法警察職員に捜査の協力を求めるため、一般的な指揮をすることができる（一般的指揮権）。

❻　検察官自ら犯罪を捜査する場合で必要があるときには、司法警察職員に補助をさせるよう指揮をすることができる（具体的指揮権）。

❼　司法警察職員は、検察官の指揮に従わなければならない。

❽　検事総長、検事長又は検事正は、警察官たる司法警察職員が正当な理由がなく検察官の指示又は指揮に従わない場合において必要と認めるときは、国家公安委員会又は都道府県公安委員会に対して、懲戒又は罷免の訴追をすることができる。

❾　司法警察職員は固有の捜査権を有するから、検察官から指示を受けていなくても、自ら捜査（取調べや捜索差押え）をすることができる。

○×問題で復習

〔1〕　公訴を提起するのは検察官および司法警察員である。

〔2〕　検察官は公訴の提起がその職務であるから、捜査をすることはできない。

〔3〕　検察官と司法警察職員は独立の機関であるから、司法警察職員は検察官と協力する必要はない。

〔4〕　検察官は、一般的な準則の形式で捜査の一般的な指示をする権限を有する。

〔5〕　検察官自ら捜査をする場合で必要があるときには、司法警察職員に補助をさせるよう指揮をすることができるが、これを一般的指揮権という。

〔6〕　司法警察職員は検察官の指揮に従わなければならないため、司法警察職員には固有の捜査権はない。したがって、自ら被疑者を取り調べることはできない。

〔7〕　司法警察職員が正当な理由がなく検察官の指示又は指揮に従わなくても、訴追されることはない。

解答解説

×〔1〕　公訴を提起するのは検察官および<u>司法警察員</u>である。
　　　　　　　　　　　　　　　　　検察官のみ

×〔2〕　検察官は公訴の提起がその職務であるから、<u>捜査をすることはできない</u>。
　　　　　　　　　　　　　　　　　　　　　　　自ら捜査をすることもできる

×〔3〕　検察官と司法警察職員は独立の機関であるから、司法警察職員は検察官と<u>協力</u>

　　　<u>する必要はない</u>。
　　　協力して捜査をしていかなければならない

○〔4〕　検察官は、一般的な準則の形式で捜査の一般的な指示をする権限を有する。

×〔5〕　検察官自ら捜査をする場合で必要があるときには、司法警察職員に補助をさせ

　　　るよう指揮をすることができるが、これを<u>一般的指揮権</u>という。
　　　　　　　　　　　　　　　　　　　　具体的指揮権

×〔6〕　司法警察職員は検察官の指揮に従わなければならないため、司法警察職員には

　　　<u>固有の捜査権はない</u>。したがって、自ら被疑者を取り調べることは<u>できない</u>。
　　　固有の捜査権を有している　　　　　　　　　　　　　　　　　　　できる

×〔7〕　司法警察職員が正当な理由がなく検察官の指示又は指揮に従わなくても、<u>訴追</u>
　　　　　　　　　　　　　　　　　　　　　　　　　　　　　　　　　　　訴追
　　　<u>されることはない</u>。
　　　されることがある

司法警察職員

28分

関係条文

········· **刑事訴訟法** ·········

（一般司法警察職員と捜査）
第189条　警察官は、それぞれ、他の法律又は国家公安委員会若しくは都道府県公安委員会の定めるところにより、司法警察職員として職務を行う。
②　司法警察職員は、犯罪があると思料するときは、犯人及び証拠を捜査するものとする。

（被疑者の出頭要求・取調べ）
第198条　検察官、検察事務官又は司法警察職員は、犯罪の捜査をするについて必要があるときは、被疑者の出頭を求め、これを取り調べることができる。但し、被疑者は、逮捕又は勾留されている場合を除いては、出頭を拒み、又は出頭後、何時でも退去することができる。
②〜⑤　（略）

こんな問題が出る！

次は、司法警察職員に関する記述であるが、誤りはどれか。 ③分

〔1〕　司法巡査が口頭による自首に接したときは、自ら自首調書を作成することはできないので、直ちに司法警察員へ引き継がなければならない。

〔2〕　司法巡査が私人から逮捕した現行犯人を受け取った場合には、逮捕・留置の必要性がないと認めたとしても、速やかに現行犯人を司法警察員に引致しなければならない。

〔3〕　緊急逮捕状を請求する権限は、司法巡査を含む司法警察職員に認められている。

〔4〕　海上保安官は、海上における犯罪について、被疑者を緊急逮捕することができる。

〔5〕　検視は、原則として検察官が行うこととなっているが、実際には検察官の命令によって、司法警察職員がこれを代行するのが普通である。

〔解答〕〔5〕

STEP 1　①分

　司法警察職員は司法警察員（巡査部長以上の階級）と司法巡査（巡査の階級）に区別され、両者は権限が異なる。司法警察職員は、犯罪があると考えるときには捜査をする。

STEP 2　⑤分

　司法警察職員は、①司法警察員、②司法巡査に分けられるが、それぞれ権限が異なる。司法巡査は司法警察員の補助的な立場にあり、事件の結末を左右する重要な権限は与えられていない。

　もっとも、逮捕のうち、緊急逮捕の逮捕状は司法巡査でも請求することができる。通常逮捕とは違い、緊急性のある緊急逮捕では逮捕状の請求を司法警察員に限定しない方がよいためである。

	司法警察員	司法巡査
被疑者の取調べ	○	○
被疑者以外の取調べ	○	○
代行検視	○	×
告訴・告発、自首の受理及び調書作成	○	×
通常逮捕	○	○
緊急逮捕	○	○
現行犯逮捕	○	○
逮捕状の請求（通常逮捕）	○	×
逮捕状の請求（緊急逮捕）	○	○
逮捕された被疑者の受取り	○	×
被疑者逮捕時の犯罪事実の要旨・弁護人選任の告知、弁解録取	○	×
捜索差押え、検証	○	○
領　置	○	○
鑑定留置処分・鑑定処分の許可の請求	○	×
証拠品の売却・還付・仮還付	○	×
検察官への事件送致	○	×
捜索差押許可状・検証令状の請求	○	×

司法警察員
司法警察員は、国家公安委員会又は都道府県公安委員会の指定する警部以上の者に限られている（199条2項）。

ここに **Focus**

司法警察職員

① 司法警察職員は、司法警察員と司法巡査とに区別される。

② 司法警察員と司法巡査では権限が異なる。

③ 警察官のほかにも、麻薬取締官、労働基準監督官、海上保安官、陸海空自衛隊警務官など（特別司法警察職員）がおり、それぞれの権限については、警察官と同様に、司法警察員と司法巡査の区別による。

司法巡査

④ 司法巡査は、取調べをすることができる。

⑤ 司法巡査は、捜索差押え、検証、領置をすることができる。

⑥ 司法巡査は、通常逮捕、緊急逮捕、現行犯逮捕をすることができる。

⑦ 司法巡査は、通常逮捕の逮捕状の請求はできないが、緊急逮捕の逮捕状の請求はすることができる。

⑧ 司法巡査は、逮捕された被疑者の受取りができない。

⑨ 司法巡査は、逮捕時の犯罪事実の要旨・弁護人選任権の告知、弁解録取、検察官への送致の決定はできない。

⑩ 司法巡査は、告訴・告発、自首事件の受理や調書作成はできない。

⑪ 司法巡査は、鑑定留置処分・鑑定処分の許可の請求はできない。

⑫ 司法巡査は、代行検視はできない。

⑬ 司法巡査は、証拠品の売却・還付・仮還付はできない。

○×問題で復習

Q

〔1〕　司法警察員と司法巡査は同一の権限を有する。

〔2〕　司法巡査は、被疑者の取調べはできるが被疑者以外の取調べはできない。

〔3〕　司法巡査は、鑑定留置処分の請求はできない。

〔4〕　司法巡査は、捜索差押えはできるが検証はできない。

〔5〕　司法巡査は、通常逮捕、緊急逮捕、現行犯逮捕の全てをすることができる。

〔6〕　通常逮捕の逮捕状が請求できるのは、国家公安委員会又は都道府県公安委員会の指定する警部以上の司法警察員である。

〔7〕　司法警察員及び司法巡査は逮捕された被疑者の受取りができる。

〔8〕　司法巡査は、告訴・告発、自首事件の受理や調書作成ができる。

〔9〕　司法巡査は、緊急逮捕についての逮捕状の請求ができる。

〔10〕　司法警察員及び司法巡査は、被疑者の逮捕時の犯罪事実の要旨・弁護人選任の告知、弁解録取をすることができる。

〔11〕　司法警察員と司法巡査のうち検察官へ事件を送致できるのは、司法巡査である。

〔12〕　司法巡査は、領置をすることができる。

〔13〕　司法警察員及び司法巡査は代行検視をすることができない。

〔14〕　司法巡査は証拠品の還付・仮還付はできない。

解答解説

× 〔1〕　司法警察員と司法巡査は同一の権限を有する。
　　　　　　　権限が異なる

× 〔2〕　司法巡査は、被疑者の取調べはできるが被疑者以外の取調べはできない。
　　　　　　　　　　　　　　　　　　　　　　　　　　　　　できる

○ 〔3〕　司法巡査は、鑑定留置処分の請求はできない。

× 〔4〕　司法巡査は、捜索差押えはできるが検証はできない。
　　　　　　　　　　　　　　　　　　　　できる

○ 〔5〕　司法巡査は、通常逮捕、緊急逮捕、現行犯逮捕の全てをすることができる。

○ 〔6〕　通常逮捕の逮捕状が請求できるのは、国家公安委員会又は都道府県公安委員会

　　　　の指定する警部以上の司法警察員である。

× 〔7〕　司法警察員及び司法巡査は逮捕された被疑者の受取りができる。
　　　　　　　　　　　　司法巡査は受取りができない

× 〔8〕　司法巡査は、告訴・告発、自首事件の受理や調書作成ができる。
　　　　　　　　　　　　　　　　　　　　　　　　　　　できない

○ 〔9〕　司法巡査は、緊急逮捕についての逮捕状の請求ができる。

× 〔10〕　司法警察員及び司法巡査は、被疑者の逮捕時の犯罪事実の要旨・弁護人選任の
　　　　　　　　　　　　　　　　司法巡査はできない
　　　　告知、弁解録取をすることができる。

✕〔11〕　司法警察員と司法巡査のうち検察官へ事件を送致できるのは、<u>司法巡査</u>である。
司法警察員

◯〔12〕　司法巡査は、領置をすることができる。

✕〔13〕　司法警察員及び司法巡査は代行検視をすることができない。
司法警察員はできる

◯〔14〕　司法巡査は証拠品の還付・仮還付はできない。

Part **3**

任意捜査

任意捜査の原則

関係条文

········ **刑事訴訟法** ·········

（捜査に必要な取調べ・通信履歴の電磁的記録の保全要請）

第197条　捜査については、その目的を達するため必要な取調をすることができる。但し、強制の処分は、この法律に特別の定のある場合でなければ、これをすることができない。

②〜⑤　（略）

こんな問題が出る!

次は、任意捜査の原則に関する記述であるが、誤りはどれか。

〔1〕　捜査はできる限り任意捜査によるべきであるとする原則を、任意捜査の原則という。

〔2〕　強制処分には令状が必要であるが、任意処分には令状は不要である。

〔3〕　強制処分とは、個人の意思を制圧し、身体、住居、財産等に制約を加えて強制的に捜査目的を実現する行為など、特別の根拠規定がなければ許容することが相当でない手段を意味する。

〔4〕　強制処分については、法律の規定があるが、任意処分について定めた規定はない。

〔5〕　任意捜査であっても、違法となる場合がある。

〔解答〕〔4〕

STEP 1

　任意捜査（任意処分）とは、法律に特別の定めが必要な強制捜査（強制処分）以外の捜査をいう（197条1項）。

　刑事訴訟法における捜査については、捜査はできる限り任意によるべきという任意捜査の原則が採られている。

STEP 2

　捜査は任意捜査（任意処分）と強制捜査（強制処分）に分けられる。任意捜査が何かを理解するためには、まず強制捜査が何かを把握すると分かりやすい。

　判例によれば、強制捜査とは①個人の意思を制圧し、②身体などを制約し、③特別の規定がなければ許容すべきでない手段とされている。つまり、刑事訴訟法に規定されている、逮捕や勾留、捜索・差押え、検証、鑑定などの令状が必要な処分が強制捜査である。そして、これら以外の処分を任意捜査という。

　任意捜査に令状は必要ないが、限界を超えると違法になる。限界を超えているかどうかは、その任意捜査が①必要か、②緊急か、③相当かで判断される。①必要性、②緊急性を考慮した上で、③相当な捜査といえなければ、その捜査は違法となる。

　捜査が原則として任意捜査によるべきとされているのは、人権を侵害するおそれのある強制捜査をできるだけ避けるためである。

必要性
その行為をする必要がある。
緊急性
その場でする必要がある。
相当性
やりすぎでない。

PART 3
任意捜査

ここに Focus

任意捜査（任意処分）と強制捜査（強制処分）の区別

❶　強制処分とは、有形力の行使を伴う手段のことではなく、個人の意思を制圧し、身体、住居、財産等に制約を加えて強制的に捜査目的を実現する行為など、特別の根拠規定がなければ許容されない手段を意味する。【判例A】

❷　強制捜査の種類については、法律の規定がある（逮捕、勾留、捜索・差押え、検証、鑑定等）。

❸　刑事訴訟法には、強制捜査として、逮捕、勾留、捜索・差押え、検証、鑑定等が規定されている。

❹　特殊な強制捜査として、強制採尿や強制採血、X線検査といったものがある。

❺　強制捜査を行うためには、処分に応じた令状（逮捕なら逮捕状、捜索・差押えなら捜索差押許可状など）が必要である（＝令状主義）。

任意捜査

❻　強制捜査にあたらない処分を任意捜査という。

❼　強制捜査には令状が必要だが、任意捜査には令状は不要である。

❽　任意捜査であれば、どのような場合であっても許されるわけではなく、捜査の必要性や緊急性、相当性がない場合には、違法となる。

判例
A

Q 強制捜査（強制処分）とは何か？

A 個人の意思を制圧し、身体、住居、財産等に制約を加えて強制的に捜査目的を実現する行為など、特別の根拠規定がなければ許容されない手段のこと。

最決昭51.3.16

　強制捜査とは、有形力の行使を伴う手段を意味するものではなく、個人の意思を制圧し、身体、住居、財産等に制約を加えて強制的に捜査目的を実現する行為など、特別の根拠規定がなければ許容されない手段が強制捜査（強制処分）である。

○×問題で復習

Q　〔1〕　強制捜査（強制処分）とは有形力の行使を伴う手段を意味する。

　　〔2〕　強制捜査の種類については、法律に規定がある。

　　〔3〕　逮捕、勾留は任意捜査（任意処分）である。

　　〔4〕　捜索・差押え、検証、鑑定は強制捜査である。

　　〔5〕　強制採尿、強制採血、X線検査は強制捜査である。

　　〔6〕　強制捜査にあたり、かつ、任意捜査にもあたる処分がある。

　　〔7〕　任意捜査であっても人権を侵害するため、令状が必要である。

　　〔8〕　任意捜査によって人権を侵害することは通常考えられないため、任意捜査
　　　　は常に適法である。

解答解説

×〔1〕　強制捜査（強制処分）とは有形力の行使を伴う手段を意味する。
個人の意思を制圧し、身体、住居、財産等に制約を加えて強制的に捜査目的を実現する行為など、特別の規定がなければ許容されない手段

○〔2〕　強制捜査の種類については、法律に規定がある。

×〔3〕　逮捕、勾留は任意捜査（任意処分）である。
強制捜査（強制処分）

○〔4〕　捜索・差押え、検証、鑑定は強制捜査である。

○〔5〕　強制採尿、強制採血、X線検査は強制捜査である。

×〔6〕　強制捜査にあたり、かつ、任意捜査にもあたる処分がある。
強制捜査にあたらない処分を任意捜査という

×〔7〕　任意捜査であっても人権を侵害するため、令状が必要である。
不要

×〔8〕　任意捜査によって人権を侵害することは通常考えられないため、任意捜査は常に適法である。
捜査の必要性や緊急性、相当性がない場合には違法となる

Chapter 2 被疑者の出頭要求・取調べ

関係条文

········· **刑事訴訟法** ·········

（被疑者の出頭要求・取調べ）

第198条　検察官、検察事務官又は司法警察職員は、犯罪の捜査をするについて必要があるときは、被疑者の出頭を求め、これを取り調べることができる。但し、被疑者は、逮捕又は勾留されている場合を除いては、出頭を拒み、又は出頭後、何時でも退去することができる。

②　前項の取調に際しては、被疑者に対し、あらかじめ、自己の意思に反して供述をする必要がない旨を告げなければならない。

③〜⑤　（略）

こんな問題が出る！

次は、被疑者の取調べに関する記述であるが、誤りはどれか。

〔１〕　被疑者を任意で取り調べていたところ、被疑者の弁護人が来署して被疑者との面会を求めた場合には、これを拒むことは許されない。

〔２〕　被疑者を任意で取り調べている最中に、被疑者が急用を思い出して退去を申し出た場合、説得の範囲を超えて退去を妨害することは許されない。

〔３〕　任意捜査中の被疑者を取り調べるため出頭を求めた際、当該被疑者が弁護士を立会人に置かなければ出頭しない旨申し立てても、それに応じる義務を負うものではない。

〔４〕　取調べが相当期間中断した後、再びこれを開始する場合又は取調べ警察官が交代した場合には、前の告知の効果が残っているため、改めて告知を行わなくてもよい。

〔５〕　やむを得ない理由がある場合のほかは、深夜又は長時間にわたる取調べを避けなければならず、午後10時から午前５時までの間に、又は１日につき８時間を超えて、被疑者の取調べを行うときは、警察本部長又は警察署長の承認を受けなければならない。

〔解答〕〔４〕

PART 3

任意捜査

STEP 1

　被疑者の取調べは任意の取調べであり、出頭を求めて行う。被疑者は、逮捕・勾留されていない場合には出頭要求に応じる義務はなく、いつでも自由に退去できる。

　また、取調べに際しては、被疑者に対し、あらかじめ、自己の意思に反して供述をする必要がない旨を告げなければならない。

STEP 2

　任意捜査としての被疑者の取調べは、「事案の性質」、「容疑の程度」、「被疑者の態度」など諸般の事情を考慮し、「社会通念上相当と認められる」限度で許容されると考えられている。

　取調べを行えば様々なことが明らかになる可能性があるが、被疑者が逮捕・勾留されていなければ、出頭はあくまでも任意であって、被疑者からの退去の申出にも応じなければならない。取調べは重要な捜査のひとつである反面、取調べを受ける者の人権も保障しなければならないからである。

　また、やむを得ない理由がないかぎり、深夜又は長時間にわたる取調べを避けなければならず、午後10時から午前5時までの間に、又は1日につき8時間を超えて、被疑者の取調べを行うときは、警察本部長又は警察署長の承認を受けなければならない（犯罪捜査規範168条3項）。

　供述拒否権については、取調べが相当期間中断した後再び開始される場合又は取調べ警察官が交代した場合には、改めて告知を行わなければならないとされている（同規範169条2項）。

ここに **Focus**

PART3 任意捜査

被疑者の取調べ（任意取調べ）

❶　検察官、検察事務官又は司法警察職員は、被疑者の出頭を求めて取り調べることができる。

❷　取調べは被疑者の同意があれば原則として適法だが、同行の方法や同行後の取調べ状況によっては、逮捕にあたり違法となることがある。

取調べ受忍義務

❸　逮捕又は勾留されていない被疑者は、出頭を拒み又は出頭後、何時でも退去することができる。

❹　別件で身柄拘束中の被疑者には、余罪の取調べを拒否しないことが明白である場合以外は余罪について取調べを受ける義務はないから、被疑者に対していつでも退去する自由があることを告知しなければならない。【判例A】

供述拒否権の告知

❺　取調べに際しては、被疑者に対し、あらかじめ、自己の意思に反して供述をする必要がない旨を告げなければならない。

弁護人との面会等

❻　被疑者の任意の取調べ中に弁護人が来署して被疑者との面会を求めた場合には、これを拒むことは許されない。

❼　任意捜査中の被疑者を取り調べるため出頭を求めた際、当該被疑者が弁護士を立会人に置かなければ出頭しない旨申し立てても、それに応じる義務は負わない。

取調べの限界

❽　被疑者に対する取調べは、事案の性質、被疑者に対する容疑の程度、被疑者の態度等諸般の事情を勘案して、社会通念上相当と認められる方法・態様・限度であれば適法である。

判例

Q 被疑者には、別件逮捕中、余罪の取調べを受ける義務があるか？

A 受ける義務はない。

浦和地決平 2 .10.12
　別件で身柄拘束中の被疑者に余罪の取調べをする際には、被疑者が余罪の取調べを拒否しないことが明白である場合を除いては、取調べに応じる義務がなく、いつでも退去する自由があることを被疑者に告知しなければならない。そして、被疑者が退去の希望を述べたときは、直ちに取調べを中止して帰房させなければならない。

○×問題で復習

Q　〔1〕　検察官、検察事務官又は司法警察職員は、被疑者の取調べができるが、出頭の要求をすることはできない。

　　　〔2〕　逮捕又は勾留されていない被疑者は、出頭を拒み又は出頭後、何時でも退去することができる。

　　　〔3〕　別件で身柄拘束中の被疑者が余罪の取調べを拒否しないことが明白である場合以外は、取調受忍義務がなく、又退去も自由であることを被疑者に告知しなければならない。

PART 3

任意捜査

解答解説

× 〔1〕　検察官、検察事務官又は司法警察職員は、被疑者の取調べができるが、出頭の

　　　　要求をすることは<u>できない</u>。
　　　　　　　　　　　　　できる

○ 〔2〕　逮捕又は勾留されていない被疑者は、出頭を拒み又は出頭後、何時でも退去す

　　　　ることができる。

○ 〔3〕　別件で身柄拘束中の被疑者が余罪の取調べを拒否しないことが明白である場合

　　　　以外は、取調受忍義務がなく、又退去も自由であることを被疑者に告知しなけれ

　　　　ばならない。

Chapter 3　職務質問 ⏱24分

関係条文

········ **警察官職務執行法** ········

（質問）

第2条　警察官は、異常な挙動その他周囲の事情から合理的に判断して何らかの犯罪を犯し、若しくは犯そうとしていると疑うに足りる相当な理由のある者又は既に行われた犯罪について、若しくは犯罪が行われようとしていることについて知っていると認められる者を停止させて質問することができる。

2～4　（略）

次は、職務質問に関する記述であるが、誤りはどれか。

〔1〕 判例上、職務質問に際して相手方の承諾なしに所持品検査を行える場合があることが認められているが、相手方の承諾なき所持品検査が適法となる場合であっても、それはあくまで任意捜査として許されるにすぎないのであって、捜索に至るような態様での検査をすることまでは許されない。

〔2〕 判例上、覚醒剤使用の嫌疑があり、覚醒剤中毒をうかがわせる異常な言動が見受けられ、道路が積雪により滑りやすい状態にもかかわらず自動車を発進させるおそれがある場合には、職務質問中に車のエンジンキーを取り上げることが適法とされた事例がある。

〔3〕 判例上、職務質問を続けるために、内ドアを押し開けて内玄関と客室の境の敷居上辺りに足を踏み入れて内ドアが閉められるのを防止することが適法とされた事例がある。

〔4〕 判例上、所持品検査の緊急性、必要性が強い場合に、容疑を確かめるために、バッグの施錠されていないチャックを開けて内部を一べつすることが適法とされた事例がある。

〔5〕 判例上、警察官が、覚醒剤の使用・所持の容疑がかなり濃い者に対して職務質問中、承諾なく内ポケットに手を入れて所持品を取り出して検査をすることが適法とされた事例がある。

〔解答〕 〔5〕

STEP 1

　警察官は、①異常な挙動その他周囲の事情から合理的に判断して何らかの犯罪を犯し、若しくは犯そうとしていると疑うに足りる相当な理由のある者、②既に行われた犯罪について、若しくは犯罪が行われようとしていることについて知っていると認められる者を停止させて質問することができる。

　また、その実効性の確保のために、相当な程度の有形力を行使し、所持品検査をすることができる。

STEP 2

　警察官は、何らかの犯罪と関係あると思われる人物に職務質問をすることができる。質問をするためには、対象者にその場にとどまってもらわなければならない。そこで、警察官は、対象者を停止させることができ（警職法2条1項）、交通の妨害になる場合などには、派出所などに同行を求めることができる（警職法2条2項）。

　条文に規定はないが、職務質問の実効性を担保するために、有形力の行使や所持品検査が認められる場合もある。もっとも、職務質問はあくまでも任意なので、①必要性や②緊急性があって、③相当な行為でなければ、有形力の行使や所持品検査は違法となる。

　職務質問によって嫌疑が具体化するなどして捜査へと発展することも多く、通常、両者は一連の手段として行われる。そこで発見された資料等が刑事裁判の証拠として利用されることもある。

PART 3　任意捜査

ここに Focus

職務質問（警職法）

❶　警察官は、異常な挙動などから合理的に判断して、何らかの犯罪を犯し、若しくは犯そうとしていると疑うに足りる相当な理由のある者、又は犯罪について知っていると認められる者を停止させて質問することができる。

職務質問に伴う有形力の行使

❷　職務質問の実効性の確保のために、有形力の行使が許される場合がある。

❸　有形力の行使はその必要性、緊急性、相当性があれば適法である。【判例A】【判例B】

❹　必要性や緊急性は、例えば、嫌疑が強い、異常な行動がみられる、素直に質問に応じない、逃走しようとするなどの事情があれば認められる。

❺　相当性は、具体的状況の下でやりすぎとはいえない場合に認められる。

職務質問に伴う所持品検査

❻　職務質問の実効性の確保のために、所持品検査が許される場合がある。

❼　所持品検査はその必要性、緊急性、相当性があれば適法である。

❽　必要性や緊急性は、例えば、嫌疑が強い、異常な行動がみられる、素直に質問に応じない、逃走しようとするなどの事情があれば認められる。

❾　相当性は、具体的状況の下で所持品検査がやりすぎではない場合に認められる。

判例
A

Q どのような場合に有形力の行使が適法となるか？

A 必要性・緊急性・相当性がある場合に適法となる。

> **最決昭51.3.16**
> 　強制手段にあたらない有形力の行使は、必要性、緊急性を考慮したうえ、具体的状況のもとで相当と認められる限度で許容される。

判例
B

Q 部屋から退出しようとする者の手首をつかむ行為が適法となる場合はあるか？

A 適法となる場合がある。

　酒酔い運転の罪の疑いが濃い者が、呼気検査に応じず急に通信指令室から退室しようとした場合に、両手で左手首をつかみ有形力を行使して抑制することの適法性が争われた事例。

> **最決昭51.3.16**
> 　酒酔い運転の罪の疑いが濃い者が、呼気検査に応じず急に通信指令室から退室しようとした場合に、両手で左手首をつかみ有形力を行使して抑制することは不相当な行為とはいえず、適法である。

判例 **C**

Q エンジンキーの取上げが職務質問を継続するための「停止」の方法として適法となる場合はあるか？

A 適法となる場合がある。

覚醒剤使用の嫌疑がある者に、異常な言動がみられ、積雪により滑りやすい道路で自動車を発進させるおそれがあったため、職務質問中に車のエンジンキーを取り上げた行為の適法性が争われた事例。

最決平 6 . 9 .16

職務質問を開始した当時、被告人には覚醒剤使用の嫌疑があったほか、幻覚の存在や周囲の状況を正しく認識する能力の減退など覚醒剤中毒をうかがわせる異常な言動が見受けられ、かつ、道路が積雪により滑りやすい状態にあったのに被告人が自動車を発進させるおそれがあったという事情の下では、エンジンキーの取上げは必要最小限度の行為であったから、適法である。

判例 **D**

Q 職務質問継続のために足を入れてドアが閉められるのを防ぐ行為が適法となる場合はあるか？

A 適法となる場合がある。

薬物使用の疑いがあるホテルの宿泊客に対して職務質問を行うに際し、警察官に気付いて急にドアを閉めて押さえた場合に、質問を継続するため、内ドアを押し開け、内玄関と客室の境の敷居上辺りに足を踏み入れ、内ドアが閉められるのを防止した行為の適法性が争われた事例。

最決平15. 5 .26

薬物使用の疑いがあるホテル客室内の宿泊客に対して職務質問を行うに当たっては、宿泊客の意思に反して客室に立ち入ることは原則として許されないが、制服姿の警察官に気付くとドアを急に閉めて押さえた場合には、質問を継続するため、内ドアを押し開け、内玄関と客室の境の敷居上辺りに足を踏み入れ、内ドアが閉められるのを防止したことは、適法である。

判例 **E**

Q どのような場合に所持品検査が適法となるか？

A 必要性・緊急性・相当性がある場合に適法となる。

最判昭53.6.20
　捜索に至らない程度の所持品検査は、所持品検査の必要性、緊急性を考慮したうえ、具体的状況のもとで相当と認められる限度で許容される。

判例 **F**

Q 施錠されていないバッグのチャックを開けて内部を一べつした行為が所持品検査として適法となる場合はあるか？

A 適法となる場合がある。

最判昭53.6.20（米子銀行強盗事件）
　容疑を確かめるために、所持品検査の緊急性、必要性が強い場合には、バッグの施錠されていないチャックを開けて内部を一べつすることは適法である。

判例 **G**

Q 覚醒剤の使用・所持の容疑がかなり濃厚な者に対して、職務質問中に承諾なく、内ポケットに手を差し入れて所持品を取り出す行為は適法か？

A 違法である。

最判昭53.9.7
　警察官が、覚醒剤の使用・所持の容疑がかなり濃厚な者に対して職務質問中、その者の承諾なく、その上衣左側内ポケットに手を入れて所持品を取り出したうえ検査する行為は、一般にプライバシー侵害の程度の高い行為であり、かつ、その態様において捜索に類するものであるから、違法である。

○×問題で復習

Q 〔1〕 警察官は、警職法の要件にあてはまる一定の者に対して質問することができるが、質問のために停止させることはできない。

〔2〕 嫌疑が濃い者が、急に通信指令室から退室しようとした場合に、両手で左手首をつかみ有形力を行使して抑制することは適法である。

〔3〕 覚醒剤使用の嫌疑があり、覚醒剤中毒をうかがわせる異常な言動が見受けられ、道路が積雪により滑りやすい状態にもかかわらず自動車を発進させるおそれがある場合には、職務質問中に車のエンジンキーを取り上げることは適法である。

〔4〕 薬物使用の疑いのある者が、警察官に気づくとドアを急に閉めて押さえた場合に、職務質問を続けるために、ホテルの客室の内ドアを押し開けて内玄関と客室の境の敷居上辺りに足を踏み入れて内ドアが閉められるのを防止することは適法である。

〔5〕 警察官が、職務質問中に対象者の承諾なく内ポケットに手を入れて所持品を取り出して検査をすることは、覚醒剤の使用・所持の容疑がかなり濃いことに鑑みれば適法である。

解答解説

×〔1〕　警察官は、警職法の要件にあてはまる一定の者に対して質問することができるが、質問のために停止させることは<u>できない</u>。
　　　　　　　　　　　　　　できる（ ここに **Focus** ①参照）

○〔2〕　嫌疑が濃い者が、急に通信指令室から退室しようとした場合に、両手で左手首をつかみ有形力を行使して抑制することは適法である。

○〔3〕　覚醒剤使用の嫌疑があり、覚醒剤中毒をうかがわせる異常な言動が見受けられ、道路が積雪により滑りやすい状態にもかかわらず自動車を発進させるおそれがある場合には、職務質問中に車のエンジンキーを取り上げることは適法である。

○〔4〕　薬物使用の疑いのある者が、警察官に気づくとドアを急に閉めて押さえた場合に、職務質問を続けるために、ホテルの客室の内ドアを押し開けて内玄関と客室の境の敷居上辺りに足を踏み入れて内ドアが閉められるのを防止することは適法である。

×〔5〕　警察官が、職務質問中に対象者の承諾なく内ポケットに手を入れて所持品を取り出して検査をすることは、覚醒剤の使用・所持の容疑がかなり濃いことに鑑みれば<u>適法である</u>。
プライバシー侵害の程度が高く、また、捜索に類似しているため、相当な行為ではなく違法

任意同行

Chapter **4**　20分

関係条文

警察官職務執行法

（質問）

第2条　（略）

2　その場で前項の質問をすることが本人に対して不利であり、又は交通の妨害になると認められる場合においては、質問するため、その者に附近の警察署、派出所又は駐在所に同行することを求めることができる。

3・4　（略）

刑事訴訟法

（被疑者の出頭要求・取調べ）

第198条　検察官、検察事務官又は司法警察職員は、犯罪の捜査をするについて必要があるときは、被疑者の出頭を求め、これを取り調べることができる。但し、被疑者は、逮捕又は勾留されている場合を除いては、出頭を拒み、又は出頭後、何時でも退去することができる。

②〜⑤　（略）

こんな問題が出る!

次は、任意同行に関する記述であるが、誤りはどれか。

〔1〕 逮捕状がすでに発付された被疑者を任意同行することは、任意捜査の一環として許される。

〔2〕 逮捕状の発付を得た被疑者について、自宅から警察署まで任意同行を求め、警察署で短時間の取調べをした上で逮捕状を執行することは、検察官送致までの時間を潜脱するものであるから許されない。

〔3〕 警察官は、職務質問をする際、その場で質問をすることが本人に対して不利であり、又は交通の妨害になる場合には、附近の警察署、派出所又は駐在所に同行することを求めることができる。

〔4〕 警察官が、任意同行を求めるために、約6時間半以上も対象者を現場に留め置くことは、覚醒剤使用の嫌疑が濃厚になっていたことを考慮しても、違法である。

〔5〕 警察官職務執行法における任意同行は、行政警察活動であり捜査活動ではない。

〔解答〕 〔2〕

STEP 1

任意同行には、根拠法令が異なる次の①②がある。

①警察官は、職務質問につきその場で質問をすることが本人に対して不利であり、又は交通の妨害になる場合には、附近の警察署、派出所又は駐在所に同行することを求めることができる（＝警職法上の任意同行＝行政警察活動）。

②犯罪の捜査をするために必要なときは、被疑者に出頭を求めることができる（＝刑訴法上の任意同行＝司法警察活動）。

STEP 2

任意同行における「任意」とは、「承諾がある」ことを指すわけではない。「任意」かどうかの判断では、様々なことが考慮される。例えば、同行の時刻が深夜だったり、被疑者の現

在地とかなり離れた場所まで同行した場合には、「被疑者に
同行を断るスキを与えなかったのではないか？＝その同行は
本当に任意だったのか？」と疑われる可能性がある。

　また、用件を告げない場合や、警察官が複数で威圧をした
り、被疑者が寝巻姿のままでついてきたりした場合も同じく、
「任意」だったのかどうか疑われることがある。

　判断のポイントは、被疑者が同行を拒絶しようとすればで
きたかどうかである。

ここに **Focus**

任意同行（警職法）

① その場で質問をすることが本人に対して不利であり、又は交通の妨害になる場合には、その者に附近の警察署、派出所又は駐在所に同行することを求めることができる。

② この任意同行は、行政警察活動であり捜査活動ではない。

③ 任意同行は同意があれば適法だが、同行の方法や同行後の取調べ状況によっては、逮捕とみなされ違法となることがある。

④ 任意同行を求める際、警察官の人数が多い場合や警察官が高圧的な態度をとったような場合には、任意性に疑義が生じて任意同行が違法になることがある。

任意同行（刑訴法）

⑤ 犯罪の捜査をするために必要なときは、被疑者の出頭を求めることができる。

⑥ この任意同行は、司法警察活動であり捜査活動である。

⑦ 任意同行は同意があれば適法だが、同行の方法や同行後の取調べ状況によっては、逮捕にあたり違法となることがある。

⑧ 逮捕状が既に発付されていたとしても、まずは被疑者に任意同行を求めることができる。

⑨ 逮捕状の発付を得た被疑者について任意同行を求め、警察署で短時間の取調べをした上で逮捕状を執行することは許される。

判例
A

Q 同行を拒絶した者の意に反して身体・着衣に手をかけて連行しようとすることは適法か？

A 違法である。

> **新潟地高田支判昭42.9.26**
> 　被告人が路上で横になってしまい「明日勤めがあるから帰してくれ」と同行を拒絶し、午前4時すぎで人車の往来もなく人気も少ない場所である以上、警察官としてはそのままの状態で職務質問を行うか、言語による説得によって同行を承諾させることに限られたのであって、被告人の意に反しその身体、着衣に手をかけて引き起こし、連行を継続しようとすることは許されない。

判例
B

Q 逮捕状が発付されているのに、行き先を告げずに被疑者を警察署に連行して、取調べをすることは任意同行といえるか？

A 逮捕にあたり、任意同行とはいえない。

> **神戸地判昭43.7.9**
> 　あえて逮捕状を執行することなく、被疑者に対し「警察までちょっと来てくれ」と言ったのみで、行先も告げないまま、居合わせた警察官らが被疑者を取り囲んで居宅から連れ出し、タクシーに同乗させて警察署まで連行したうえ、被疑者の取調べを開始した行為は、被疑者の身体の自由を拘束する行為であり、実質的にみれば、右連行によって被疑者に対する逮捕行為が開始されたものといえる。

判例
C

Ⓠ 任意同行を拒む者を説得するために現場に約 6 時間半以上留め置くことは適法か？

Ⓐ 移動の自由を長時間奪っているから違法である。

最決平 6 . 9 . 16

　警察官が被告人の運転を阻止して、<u>約 6 時間半以上も被告人を現場に留め置くこと</u>は、被告人の覚醒剤使用の嫌疑が濃厚になっていたことを考慮しても、任意同行を求めるための説得行為としての限度を超えて移動の自由を長時間にわたり奪ったといえるから、<u>違法である。</u>

PART 3

任意捜査

○×問題で復習

Q 〔1〕 その場で質問をすることが本人に対して不利な場合などには附近の警察署、派出所又は駐在所に同行することを求めることができる。

〔2〕 任意同行は同意があれば適法であるから、同行の方法や同行後の取調べ状況いかんにかかわらず適法といえる。

〔3〕 人車の往来もなく、人気も少ない場所に寝転がった被疑者に同行を拒絶された場合、意に反してその身体・着衣に手をかけて引き起こし、連行しようとすることは適法である。

〔4〕 逮捕状が発付された後、被疑者に行先も告げずに、警察官数人で被疑者を取り囲んで居宅から連れ出し、タクシーに同乗させて警察署に連行し、その警察署で被疑者の取調べを開始した場合には、連行によって実質的に逮捕行為が開始されたといえる。

〔5〕 嫌疑が濃厚である者が任意同行を拒む場合、その者を説得するために現場に約6時間半以上留め置くことは、適法である。

解答解説

○〔１〕　その場で質問をすることが本人に対して不利な場合などには附近の警察署、派出所又は駐在所に同行することを求めることができる。

×〔２〕　任意同行は同意があれば適法であるから、<u>同行の方法や同行後の取調べ状況いかんにかかわらず適法といえる。</u>
同行の方法や同行後の取調べ状況によっては、逮捕とみなされ違法となることがある

×〔３〕　人車の往来もなく、人気も少ない場所に寝転がった被疑者に同行を拒絶された場合、<u>意に反してその身体・着衣に手をかけて引き起こし、連行しようとすることとは適法である。</u>
横になったまま、又は言語による説得により同行させるべきであるから、違法

○〔４〕　逮捕状が発付された後、被疑者に行先も告げずに、警察官数人で被疑者を取り囲んで居宅から連れ出し、タクシーに同乗させて警察署に連行し、その警察署で被疑者の取調べを開始した場合には、連行によって実質的に逮捕行為が開始されたといえる。

×〔５〕　嫌疑が濃厚である者が任意同行を拒む場合、<u>その者を説得するために現場に約６時間半以上留め置くことは、適法である。</u>
任意同行を求めるための説得行為としては、その限度を超え、移動の自由を長時間奪っているため違法

5 領　　置

関係条文

············ 刑事訴訟法 ···

（押収目録の交付）

第120条　押収をした場合には、その目録を作り、所有者、所持者若しくは保管者（第110条の２の規定による処分を受けた者を含む。）又はこれらの者に代わるべき者に、これを交付しなければならない。

（押収・捜索・検証に関する準用規定等）

第222条　第99条第１項、第100条、第102条から第105条まで、第110条から第112条まで、第114条、第115条及び第118条から第124条までの規定は、検察官、検察事務官又は司法警察職員が第218条、第220条及び前条の規定によつてする押収又は捜索について、第110条、第111条の２、第112条、第114条、第118条、第129条、第131条及び第137条から第140条までの規定は、検察官、検察事務官又は司法警察職員が第218条又は第220条の規定によつてする検証についてこれを準用する。ただし、司法巡査は、第122条から第124条までに規定する処分をすることができない。

②〜⑦　（略）

こんな問題が出る！

次は、領置に関する記述であるが、誤りはどれか。

〔1〕 「領置」とは、任意処分に基づく押収のことであり、「押収」とは、証拠物又は没収対象物に対する占有を捜査機関が取得することである。

〔2〕 捜査機関は、領置物について遺失者や提出者が還付を要求したとしても、捜査上留置を継続すべき必要がある以上、その還付要求を拒否し、相手方の意思に反して領置物の留置を継続することができる。

〔3〕 被疑者その他の者の遺留物を領置するにあたっては、居住者、管理者その他関係者の立会いを得て行わなければならない。

〔4〕 任意提出を受けて領置した場合には、提出者に対して、押収品目録交付書を交付する必要はない。

〔5〕 占有者の意思に基づかないで遺留した物のほかに、占有者が故意に遺留した物についても、領置することができる。

〔解答〕 〔4〕

STEP 1

　領置とは、遺留物、任意提出物について、令状によらずに占有を取得することをいう。領置は任意処分ではあるが、押収の一種である。

STEP 2

　被疑者の遺留物・所有者の任意提出物は領置することができる。証拠物が混ざっていることが多い遺留物や保管が必要な任意提出物については、一旦令状によらずにその占有を取得させておくことが必要だからである。領置は、令状のいらない任意処分であるが、その性質は押収である。

　遺留物には、なくした物や忘れ物は当然含まれるが、捨てた物もここに含まれる。

ここに **Focus**

5分

領　置

①　遺留物、任意提出物については、令状がなくても占有を取得できる。

②　領置は任意処分ではあるが、押収の一種である。

③　押収とは、証拠物又は没収対象物に対する占有を捜査機関が取得することである。

④　領置をした場合には、押収品目録交付書を作成・交付しなければならない。

⑤　一旦領置した物について還付（持ち主に返す）請求があっても、捜査上留置の必要性があれば、直ちに還付しなくてよい。

⑥　遺留物とは、例えば、置き忘れた物（自分の意思によらない）や捨てた物（自分の意思による）のことである。

⑦　任意提出をすることができるのは、その物を処分する権限を持っている者のみである。

⑧　被疑者その他の者の遺留物を領置するにあたっては、居住者、管理者その他関係者の立会いが必要である。

判例

Q 公道上のごみ集積所にある物を領置することは適法か？

A 適法である。

最決平20.4.15

　不要物として公道上のごみ集積所に排出されたごみについてはその占有を放棄したといえるから、捜査の必要がある場合には、遺留物として領置することができる。

○×問題で復習

Q 〔1〕 領置は任意処分ではあるが押収の一種であるから、令状が必要である。

〔2〕 領置をした場合には、押収品目録交付書を作成・交付しなければならない。

〔3〕 一旦領置した物について還付請求がある場合には、どのような場合でも直ちに還付しなければならない。

〔4〕 遺留物とは、自分の意思によらずに占有を喪失した物を指すから、自分の意思で捨てた物は遺留物にあたらない。

〔5〕 任意提出をすることができるのは、その物の処分権限を有する者のみであるから、被疑者の居宅で発見された証拠物をアパートの管理人が提出しても領置はできない。

〔6〕 捜査機関は、不要物として公道上のごみ集積所に排出されたごみを、捜査の必要がある場合に、遺留物として領置することができる。

解答解説

×〔1〕　領置は任意処分ではあるが押収の一種であるから、<u>令状が必要である。</u>
　　　　　　　　　　　　　　　　　　　　　　　　令状がなくても占有できる

○〔2〕　領置をした場合には、押収品目録交付書を作成・交付しなければならない。

×〔3〕　一旦領置した物について還付請求がある場合には、<u>どのような場合でも直ちに</u>
　　　　　　　　　　　　　　　　　　　捜査上留置の必要性があれ
<u>還付しなければならない。</u>
ば直ちに還付しなくてよい

×〔4〕　遺留物とは、自分の意思によらずに占有を喪失した物を指すから、<u>自分の意思</u>
　　　　　　　　　　　　　　　　　　　　　　　　　　　　　　　　　自分の意思
<u>で捨てた物は遺留物にあたらない。</u>
で捨てたものも遺留物にあたる

○〔5〕　任意提出をすることができるのは、その物の処分権限を有する者のみであるか
　　　　ら、被疑者の居宅で発見された証拠物をアパートの管理人が提出しても領置はで
　　　　きない。

○〔6〕　捜査機関は、不要物として公道上のごみ集積所に排出されたごみを、捜査の必
　　　　要がある場合に、遺留物として領置することができる。

写真・ビデオ撮影、秘密録音、おとり捜査

関係条文

········· 刑事訴訟法 ·········

（捜査に必要な取調べ・通信履歴の電磁的記録の保全要請）
第197条　捜査については、その目的を達するため必要な取調をすることができる。但し、強制の処分は、この法律に特別の定のある場合でなければ、これをすることができない。
②～⑤　（略）

こんな問題が出る！

次は、任意捜査に関する記述であるが、誤りはどれか。

〔1〕　捜査機関による通話内容の聴取は、通話者の一方の当事者の同意があったとしても任意捜査として行うことはできない。

〔2〕　速度違反を現に犯している自動車の運転者の容疑等を自動速度取締装置により撮影することは、任意捜査として許される。

〔3〕　いわゆるおとり捜査は、任意捜査として認められる場合がある。

〔4〕　捜査機関において犯人の特定のための重要な判断に必要な証拠資料を入手するため、強盗殺人等事件の犯人である疑いがある者を、必要な限度で、公道上及び不特定多数の客が集まるパチンコ店内で撮影することは、適法である。

〔5〕　現に犯罪が行われもしくは行われたのち間がないと認められる場合であって、しかも証拠保全の必要性及び緊急性があり、かつ、その撮影が一般的に許容される限度を超えない相当な方法をもって行われるときには、個人の容ぼう等の撮影が許される。

〔解答〕〔1〕

STEP 1

　捜査機関は、任意捜査として写真・ビデオ撮影、秘密録音、おとり捜査をすることができる。ただし、これらにも任意捜査としての限界がある。

警察官職務執行法	任意同行	同意があれば適法だが、同行の方法や同行後の取調べ状況によっては、逮捕にあたり違法
	職務質問に伴う所持品検査 職務質問に伴う有形力の行使	同意がなくても必要性、緊急性、相当性があれば適法
刑事訴訟法	任意同行	同意があれば適法だが、同行の方法や同行後の取調べ状況によっては、逮捕にあたり違法
	所持品検査	必要性、緊急性、相当性があれば適法
	有形力の行使	
	写真撮影・ビデオ撮影	
	秘密録音	録音の必要性などを考慮し、相当であれば適法（なお、当事者の一方の同意を得て録音を行うことは適法）
	実況見分	
	任意提出	

STEP 2

　写真・ビデオ撮影が適法かどうかを考えるにあたっては、①どのような場合に、②どこで撮影したのかが重要になる。

　例えば、①犯罪が発生する可能性がかなり高い場合に、②

公道で撮影することは許される（公道では、プライバシーが放棄されているため）。反対に、①犯罪とは無関係に、②他人の家の中を撮影するといったことは許されない（家の中はプライベートな空間なため）。

　写真・ビデオ撮影についても、結局は、他の任意捜査の場合と同じく、撮影の必要性や緊急性、相当性を考えていけばよい。

ここに Focus

写真・ビデオ撮影

❶　犯罪が発生する高度の蓋然性がある場合であれば、証拠保全の必要性・緊急性があり、その撮影が社会通念に照らして相当と認められる方法であれば、犯罪が行われる前から、犯罪の発生が予測される場所を継続的に撮影することが許される。【判例B】

❷　犯人である疑いがある者を、犯人の特定のために必要な証拠資料を入手するため、必要な限度で、公道上及び不特定多数の客が集まるパチンコ店内でビデオ撮影することは、適法である。【判例C】

秘密録音

❸　捜査機関が対話の相手方の知らないうちに会話の録音をすることは、録音の経緯や必要性などを考慮し、相当性があれば適法である。【判例D】

おとり捜査

❹　直接の被害者がいない薬物犯罪等の捜査において、通常の捜査方法のみでは犯罪の摘発が困難である場合に、機会があれば犯罪を行う意思があると疑われる者を対象におとり捜査を行うことは適法である。【判例E】

 判例
A

Q 現行犯ないし準現行犯の場合に写真撮影をすることは適法か？

A 証拠保全の必要性・緊急性があり相当な方法で撮影することは適法である。

> **最大判昭44.12.24**
> 　現に犯罪が行われもしくは行われたのち間がないと認められる場合であって、しかも証拠保全の必要性及び緊急性があり、かつ、その撮影が一般的に許容される限度を超えない相当な方法をもって行われるときには、個人の容ぼう等の撮影が許される。

 判例
B

Q 犯罪の前からビデオ撮影をすることは適法か？

A 犯罪発生の高度の蓋然性があり、証拠保全の必要性・緊急性があれば相当な方法で撮影することは適法である。

> **東京高判昭63.4.1**
> 　犯罪が発生する高度の蓋然性がある場合であれば、証拠保全の必要性・緊急性があり、その撮影が社会通念に照らして相当と認められる方法であれば、犯罪が行われる前から、犯罪の発生が予測される場所を継続的にすることが許される。

 判例
C

Q 過去の犯罪の捜査のために公道でビデオ撮影をすることは適法か？

A 必要性があれば適法である。

> **最決平20.4.15**
> 　強盗殺人等事件の犯人であることが合理的に疑われるのであれば、容ぼう・体型等の同一性の有無という犯人の特定のための重要な判断に必要な証拠資料を入手するため、これに必要な限度において、公道上及び不特定多数の客が集まるパチンコ店内にいる被告人の容ぼう等のビデオ撮影をすることは適法である。

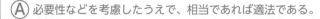

判例
D

Q 秘密録音は適法か？

A 必要性などを考慮したうえで、相当であれば適法である。

千葉地判平 3．3．29
　捜査機関が対話の相手方の知らないうちにその会話を録音することは、原則として違法であるが、録音の経緯、内容、目的、必要性、侵害される個人の法益と保護されるべき公共の利益との権衡などを考慮し、具体的状況のもとで相当と認められる限度で行うのであれば適法である。

PART3

任意捜査

判例
E

Q おとり捜査が任意捜査として適法となることはあるか？

A 通常の捜査が困難な場合に、機会があれば犯罪を行う者を対象とするのであれば適法である。

最決平16．7．12
　直接の被害者がいない薬物犯罪等の捜査において、通常の捜査方法のみでは当該犯罪の摘発が困難である場合に、機会があれば犯罪を行う意思があると疑われる者を対象におとり捜査を行うことは許容される。

○×問題で復習

Q 〔1〕 現に犯罪が行われ、証拠保全の必要性及び緊急性がある場合、一般的に許容される限度で相当な方法をもって行われる個人の容ぼう等の撮影は許される。

〔2〕 犯罪が発生する高度の蓋然性がある場合で、証拠保全の必要性・緊急性があり、その方法が社会通念に照らして相当と認められるものであっても、犯罪が行われる前から、犯罪の発生が予測される場所を継続的にビデオ撮影することは許されない。

〔3〕 犯人の特定のために必要な証拠資料を入手するため、犯人である合理的な疑いがある者を、必要な限度で、公道上及び不特定多数の客が集まるパチンコ店内で撮影することは、適法である。

〔4〕 捜査機関が対話の相手方の知らないうちに会話の録音をすることは人権を侵害するから、どのような場合であっても違法である。

〔5〕 直接の被害者がいない薬物犯罪等の捜査において、通常の捜査方法のみでは犯罪の摘発が困難である場合に、機会があれば犯罪を行う意思があると疑われる者について、おとり捜査を行うことは許されない。

解答解説

○〔1〕　現に犯罪が行われ、証拠保全の必要性及び緊急性がある場合、一般的に許容される限度で相当な方法をもって行われる個人の容ぼう等の撮影は許される。

✕〔2〕　犯罪が発生する高度の蓋然性がある場合で、証拠保全の必要性・緊急性があり、その方法が社会通念に照らして相当と認められるものであっても、犯罪が行われる前から、犯罪の発生が予測される場所を継続的にビデオ撮影することは<u>許されない</u>。
許される

○〔3〕　犯人の特定のために必要な証拠資料を入手するため、犯人である合理的な疑いがある者を、必要な限度で、公道上及び不特定多数の客が集まるパチンコ店内で撮影することは、適法である。

✕〔4〕　捜査機関が対話の相手方の知らないうちに会話の録音をすることは人権を侵害するから、<u>どのような場合であっても違法である</u>。
録音の経緯や必要性などを考慮し、相当性があれば適法である

✕〔5〕　直接の被害者がいない薬物犯罪等の捜査において、<u>通常の捜査方法のみでは犯罪の摘発が困難である場合に、機会があれば犯罪を行う意思があると疑われる者について、おとり捜査を行うことは許されない</u>。
許される

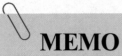 **MEMO**

Part **4**

逮　捕

通常逮捕

（25分）

関係条文

········· 刑事訴訟法 ·········

（逮捕状による逮捕要件）

第199条　検察官、検察事務官又は司法警察職員は、被疑者が罪を犯したことを疑うに足りる相当な理由があるときは、裁判官のあらかじめ発する逮捕状により、これを逮捕することができる。ただし、30万円（刑法、暴力行為等処罰に関する法律及び経済関係罰則の整備に関する法律の罪以外の罪については、当分の間、2万円）以下の罰金、拘留又は科料に当たる罪については、被疑者が定まつた住居を有しない場合又は正当な理由がなく前条の規定による出頭の求めに応じない場合に限る。

②　裁判官は、被疑者が罪を犯したことを疑うに足りる相当な理由があると認めるときは、検察官又は司法警察員（警察官たる司法警察員については、国家公安委員会又は都道府県公安委員会が指定する警部以上の者に限る。以下本条において同じ。）の請求により、前項の逮捕状を発する。但し、明らかに逮捕の必要がないと認めるときは、この限りでない。

③　（略）

（逮捕状の方式）

第200条　逮捕状には、被疑者の氏名及び住居、罪名、被疑事実の要旨、引致すべき官公署その他の場所、有効期間及びその期間経過後は逮捕をすることができず令状はこれを返還しなければならない旨並びに発付の年月日その他裁判所の規則で定める事項を記載し、裁判官が、これに記名押印しなければならない。

②　（略）

（逮捕状による逮捕の手続）

第201条　逮捕状により被疑者を逮捕するには、逮捕状を被疑者に示さなければならない。

②　第73条第3項の規定は、逮捕状により被疑者を逮捕する場合にこれを準用する。

（勾引状・勾留状の執行手続）

第73条　（略）

②　（略）

③　勾引状又は勾留状を所持しないためこれを示すことができない場合において、急速を要するときは、前2項の規定にかかわらず、被告人に対し公訴事実の要旨及び令状が発せられている旨を告げて、その執行をすることができる。但し、令状は、できる限り速やかにこれを示さなければならない。

·········· **刑事訴訟規則** ··········

（明らかに逮捕の必要がない場合）

第143条の3　逮捕状の請求を受けた裁判官は、逮捕の理由があると認める場合においても、被疑者の年齢及び境遇並びに犯罪の軽重及び態様その他諸般の事情に照らし、被疑者が逃亡する虞がなく、かつ、罪証を隠滅する虞がない等明らかに逮捕の必要がないと認めるときは、逮捕状の請求を却下しなければならない。

こんな問題が出る！

次は、通常逮捕に関する記述であるが、誤りはどれか。

〔1〕　通常逮捕を行う際は、**身柄拘束に着手する前に必ず逮捕状を被疑者に示さ**なければならず、逮捕状の呈示に先立って身柄拘束に着手することはできない。

〔2〕　通常逮捕のための逮捕状の請求は、司法警察員しか行えないが、発せられた逮捕状を執行して通常逮捕することは、司法巡査でも可能である。

〔3〕　通常逮捕における逮捕の理由は、「**被疑者が罪を犯したことを疑うに足りる相当な理由があること**」である。

〔4〕　通常逮捕を行うためには逮捕の必要性が存在することが必要であり、具体的には**逃亡のおそれや罪証隠滅のおそれがあること**などが必要である。

〔5〕　拘留又は科料にあたる罪などの一定の軽微な罪については、被疑者が定まった住居を有しない場合又は正当な理由なく出頭の求めに応じない場合に限り、通常逮捕をすることができる。

〔解答〕〔1〕

STEP **1**

通常逮捕とは、事前に裁判官から発付された令状（逮捕状）に基づいてする逮捕のことである。

STEP **2**

逮捕は、被疑者の身体を拘束する強制処分である。

通常逮捕をするには、事前に逮捕状を得なければならないが（201条1項）、逮捕は身体の自由に対する重大な制約であるため、合理的な範囲にとどめる必要がある。そこで、裁判官に逮捕の必要があるかどうかを判断させることで（199条1項、2項）、被疑者の人権を保障している。逮捕状には、罪名を記載しなければならないが（200条1項）、これは令状の流用を防止するためである。

通常逮捕では、手続の明確性と公正を担保するために、被疑者に逮捕状を呈示しなければならない（201条1項）。もっとも、逮捕状を持って行って犯人を逮捕しようと思っても、緊急の場合には逮捕状の呈示が間に合わない場合もあり得る。そのような場合には逮捕状を呈示する代わりに逮捕状が出ていることを告げればよいとし（73条3項、201条2項）、捜査の実効性を担保している。

ここに **Focus**

8分

PART 4

逮

捕

通常逮捕の要件

❶　通常逮捕を行うためには逮捕の理由がなければならず、この逮捕の理由とは、「被疑者が罪を犯したことを疑うに足りる相当な理由」（＝嫌疑の相当性）である。

❷　通常逮捕を行うためには逮捕の必要性がなければならず、具体的には逃亡のおそれや罪証隠滅のおそれがあることなどが必要である。この判断においては、被疑者の年齢や境遇、犯罪の軽重などが考慮される。

❸　軽微事件については、被疑者が定まった住居を有しない場合又は正当な理由がなく出頭の求めに応じない場合に限って通常逮捕をすることができる。

逮捕状

❹　通常逮捕を行うためには、裁判官が事前に発した令状が必要である。

逮捕状の請求

❺　司法警察員は通常逮捕の逮捕状の請求ができるが、司法巡査はできない。

通常逮捕できる者

❻　通常逮捕のための逮捕状の請求は司法警察員しか行えないが、通常逮捕自体は司法警察員に加えて司法巡査も行うことができる。

逮捕状の呈示

❼　逮捕状により被疑者を逮捕するには、逮捕状を被疑者に示さなければならない。

逮捕状の緊急執行

❽　逮捕状を所持しないために示すことができない場合で「急速を要するとき」は、被疑者に対し被疑事実の要旨及び令状が発せられている旨を告げて、逮捕をすることができる。ただし、その場合でも、できる限り速やかに令状を示さなければならない。

❾　「急速を要するとき」とは、逮捕状を取り寄せていたのでは逮捕の目的を達成するのが難しい場合をいう。

❿　単に罪名を告知しただけでは、被疑事実の要旨を告げたことにならないが、罪

　名を告げれば被疑事実を理解できる場合には、それで足りる。

⑪　逮捕状の請求はしたが実際にはまだ逮捕状が発付されていない段階では、逮捕状の緊急執行はできない。

⑫　逮捕状を紛失した場合は、後に逮捕状を示すことができないから、逮捕状の緊急執行は許されない。

○×問題で復習

Q　〔1〕　通常逮捕を行うためには、裁判官が事前に発した令状が必要である。

〔2〕　逮捕状の緊急執行をした場合には、後で改めて被疑者に対して逮捕状を示す必要はない。

〔3〕　逮捕状の緊急執行をする場合には、被疑者に対し令状が発せられている旨のみを告げればよい。

〔4〕　単に罪名を告知しただけでは、「被疑事実の要旨」を告げたことにならないが、罪名を告げれば被疑事実を理解できる場合には、それで足りる。

〔5〕　逮捕状の請求はしたが実際にはまだ逮捕状が発付されていない段階では、逮捕状の緊急執行はできない。

〔6〕　一度逮捕状が発付されれば、逮捕状を紛失した場合であっても逮捕状の緊急執行が許される。

〔7〕　司法巡査は、通常逮捕のための逮捕状の請求を行うことができ、また、通常逮捕自体も行うことができる。

〔8〕　通常逮捕を行うためには、「被疑者が罪を犯したことを疑うに足りる相当な理由」、つまり嫌疑の相当性が必要である。

〔9〕　通常逮捕を行う必要性とは、具体的には逃亡のおそれや罪証隠滅のおそれがあることなどを指す。この判断をする際には、被疑者の年齢や境遇は考慮されない。

〔10〕　軽微事件については、被疑者が定まった住居を有しない場合又は正当な理由がなく出頭の求めに応じない場合に限って通常逮捕をすることができる。

解答解説

○〔1〕 通常逮捕を行うためには、裁判官が事前に発した令状が必要である。

×〔2〕 逮捕状の緊急執行をした場合には、後で改めて被疑者に対して逮捕状を示す必
　　　　　　　　　　　　　　　　　　　　逮捕状の緊急執行をした場合も、で
要はない。
きるだけ速やかに令状を示さなければならない

×〔3〕 逮捕状の緊急執行をする場合には、被疑者に対し令状が発せられている旨のみ
　　　　　　　　　　　　　　　　　　被疑事実の要旨及び令状が発せられている旨
を告げればよい。

○〔4〕 単に罪名を告知しただけでは、「被疑事実の要旨」を告げたことにならないが、

罪名を告げれば被疑事実を理解できる場合には、それで足りる。

○〔5〕 逮捕状の請求はしたが実際にはまだ逮捕状が発付されていない段階では、逮捕
　　　　　　　　　　　　　　　　　　　　　　　　　　　　　　　　　　　　現状
状の緊急執行はできない。
で逮捕状が存在しないため

×〔6〕 一度逮捕状が発付されれば、逮捕状を紛失した場合であっても逮捕状の緊急執
　　　　　　　　　　　　　　　紛失すると後で逮捕状を示すことができないので、逮
行が許される。
捕状の緊急執行が許されない

×〔7〕 司法巡査は、通常逮捕のための逮捕状の請求を行うことができ、また、通常逮
　　　　司法警察員（国家公安委員会又は都道府県公安委員会の指定する警部）のみ
捕自体も行うことができる。

○〔8〕 通常逮捕を行うためには、「被疑者が罪を犯したことを疑うに足りる相当な理由」、つまり嫌疑の相当性が必要である。

×〔9〕 通常逮捕を行う必要性とは、具体的には逃亡のおそれや罪証隠滅のおそれがあることなどを指す。この判断をする際には、被疑者の年齢や境遇は考慮されない。
考慮される

○〔10〕 軽微事件については、被疑者が定まった住居を有しない場合又は正当な理由がなく出頭の求めに応じない場合に限って通常逮捕をすることができる。

Chapter 2 緊急逮捕  19分

関係条文

········· **刑事訴訟法** ·········

（逮捕状による逮捕要件）

第199条 検察官、検察事務官又は司法警察職員は、被疑者が罪を犯したことを疑うに足りる相当な理由があるときは、裁判官のあらかじめ発する逮捕状により、これを逮捕することができる。ただし、30万円（刑法、暴力行為等処罰に関する法律及び経済関係罰則の整備に関する法律の罪以外の罪については、当分の間、2万円）以下の罰金、拘留又は科料に当たる罪については、被疑者が定まつた住居を有しない場合又は正当な理由がなく前条の規定による出頭の求めに応じない場合に限る。

② 裁判官は、被疑者が罪を犯したことを疑うに足りる相当な理由があると認めるときは、検察官又は司法警察員（警察官たる司法警察員については、国家公安委員会又は都道府県公安委員会が指定する警部以上の者に限る。以下本条において同じ。）の請求により、前項の逮捕状を発する。但し、明らかに逮捕の必要がないと認めるときは、この限りでない。

③ 検察官又は司法警察員は、第1項の逮捕状を請求する場合において、同一の犯罪事実についてその被疑者に対し前に逮捕状の請求又はその発付があつたときは、その旨を裁判所に通知しなければならない。

（緊急逮捕）

第210条 検察官、検察事務官又は司法警察職員は、死刑又は無期若しくは長期3年以上の懲役若しくは禁錮にあたる罪を犯したことを疑うに足りる充分な理由がある場合で、急速を要し、裁判官の逮捕状を求めることができないときは、その理由を告げて被疑者を逮捕することができる。この場合には、直ちに裁判官の逮捕状を求める手続をしなければならない。逮捕状が発せられないときは、直ちに被疑者を釈放しなければならない。

② （略）

（緊急逮捕と準用規定）

第211条 前条の規定により被疑者が逮捕された場合には、第199条の規定により被疑者が逮捕された場合に関する規定を準用する。

次は、緊急逮捕に関する記述であるが、誤りはどれか。

〔1〕　緊急逮捕の要件として、被疑者が罪を犯したことを疑うに足りる充分な理由の存在が必要であるが、「充分な理由」とは、通常逮捕の要件である「相当な理由」よりも高度の犯罪の嫌疑を指す。

〔2〕　緊急逮捕の罪名は、逮捕時を基準にして判断しなければならず、逮捕後に何らかの事情変更があったとしても、逮捕時と異なる罪名で逮捕状を請求することはできない。

〔3〕　緊急逮捕の対象犯罪は、死刑、無期若しくは長期3年以上の懲役若しくは禁錮にあたる罪であるが、これらの罪にあたるか否かは、処断刑ではなく法定刑を基準として判断する。

〔4〕　緊急逮捕状の請求権者は司法警察員に限られており、司法巡査は緊急逮捕状を請求することができない。

〔5〕　緊急逮捕した被疑者を司法警察員に引致した後、司法警察員が留置の必要なしと判断して被疑者を釈放したとしても、緊急逮捕状を請求しなければならない。

〔解答〕　〔4〕

STEP 1

　緊急逮捕とは、一定の重い犯罪につき、急速を要する場合に事後に令状が発せられることを要件として行う逮捕のことである。

STEP 2

　緊急逮捕は、その人が犯人である可能性が極めて高いけれども、令状請求の手続をする時間的余裕がない！というときのためにある。緊急逮捕は、逮捕状の緊急執行と同じように捜査の実効性を担保するために認められているものである。ただし、緊急逮捕は「令状は後でいい」という例外的な逮捕であるため、一定の重い罪について急速を要するときにのみ

することができる（210条 1 項）。

　そして、緊急逮捕は事前の令状なしに行う逮捕であるため、
通常逮捕の「相当な理由」よりも嫌疑の高い「充分な理由」
がなければならない（210条 1 項）。

ここに **Focus**

逮捕状の請求

❶　緊急逮捕をしたときは、直ちに（＝即刻ないしはその足で）逮捕状を求める手続をしなければならない。

❷　緊急逮捕は急速を要する手続であるため、司法巡査も緊急逮捕状を請求することができる。

❸　逮捕後に被疑者を釈放した場合であっても、逮捕状を請求しなければならない。

緊急逮捕できる者

❹　緊急逮捕も通常逮捕と同様に、司法警察員に加えて司法巡査も行うことができる。

緊急逮捕の要件

❺　緊急逮捕は、死刑、無期懲役・禁錮、長期3年以上の懲役・禁錮にあたる罪についてのみすることができる。

❻　長期3年以上の懲役・禁錮にあたるか否かは、処断刑（法律上の減軽等をした刑）ではなく法定刑（法律に定められた刑）を基準として判断する。

❼　「急速を要し」とは、逮捕状の請求手続をしていたのでは、被疑者の逃亡のおそれや罪証隠滅のおそれがある場合のことである。

❽　緊急逮捕をするためには、被疑者が罪を犯したことを疑うに足りる「充分な理由」の存在が必要である。

❾　「充分な理由」とは、通常逮捕の要件である「相当な理由」よりも高い程度の嫌疑のことである。

❿　緊急逮捕を行うための「充分な理由」は、有罪判決を下せる程度までは必要ない。

⓫　明文の規定はないが、緊急逮捕をするためには、逮捕の必要性がなければならない。

⓬　緊急逮捕をする際には、被疑事実及び急速を要する事情があることを告知しなければならない。

⓭　緊急逮捕の要件をみたしているかどうかは、逮捕時を基準にして判断しなければならず、逮捕後に生じた事情を判断の資料にしてはならない。

○×問題で復習

Q 〔1〕 司法巡査は通常逮捕をすることができるが、緊急逮捕をすることはできない。

〔2〕 緊急逮捕は、死刑、無期懲役・禁錮、長期5年以上の懲役・禁錮にあたる罪についてのみすることができる。

〔3〕 緊急逮捕の対象となる罪にあたるか否かは、法定刑ではなく処断刑を基準として判断する。

〔4〕 緊急逮捕を行うためには、被疑者が罪を犯したことを疑うに足りる充分な理由が必要であるが、「充分な理由」とは、通常逮捕の要件である「相当な理由」よりも高い程度の嫌疑を指す。

〔5〕 緊急逮捕は高度に人権を侵害する手続であるから、「充分理由」については有罪判決を下せる程度まで必要である。

〔6〕 緊急逮捕をする際には、被疑事実及び急速を要する事情を告知しなければならない。

〔7〕 緊急逮捕の要件をみたしているか否かの判断は事後的に行われるものであるから、逮捕後に生じた事情を判断の資料にすることも許される。

〔8〕 緊急逮捕をしたときは、直ちに逮捕状を求める手続をしなければならないが、逮捕後に被疑者を釈放した場合には逮捕状の請求は不要である。

解答解説

×〔1〕　司法巡査は通常逮捕をすることができるが、<u>緊急逮捕をすることはできない。</u>
緊急逮捕をすることもできる

×〔2〕　緊急逮捕は、死刑、無期懲役・禁錮、長期<u>5年以上</u>の懲役・禁錮にあたる罪に
3年以上
ついてのみすることができる。

×〔3〕　緊急逮捕の対象となる罪にあたるか否かは、<u>法定刑ではなく処断刑を基準</u>とし
処断刑ではなく法定刑を基準
て判断する。

○〔4〕　緊急逮捕を行うためには、被疑者が罪を犯したことを疑うに足りる充分な理由
が必要であるが、「充分な理由」とは、通常逮捕の要件である「相当な理由」よ
りも高い程度の嫌疑を指す。

×〔5〕　緊急逮捕は高度に人権を侵害する手続であるから、「充分理由」については
<u>有罪判決を下せる程度まで必要である。</u>
有罪判決を下せる程度までは必要ない

○〔6〕　緊急逮捕をする際には、被疑事実及び急速を要する事情を告知しなければなら
ない。

×〔7〕　緊急逮捕の要件をみたしているか否かの判断は<u>事後的に行われるものであるか</u>
逮捕時を基準として行われる
ら、<u>逮捕後に生じた事情を判断の資料にすることも許される。</u>
逮捕後に生じた事情を判断の資料にしてはならない

✕〔8〕 緊急逮捕をしたときは、直ちに逮捕状を求める手続をしなければならないが、

逮捕後に被疑者を釈放した場合には逮捕状の請求は不要である。
　　　　　被疑者を釈放した場合であっても、逮捕状を請求しなければならない

Chapter 3　現行犯逮捕 ⏱30分

関係条文

········· **刑事訴訟法** ·········

（現行犯人）

第212条　現に罪を行い、又は現に罪を行い終つた者を現行犯人とする。

②　左の各号の一にあたる者が、罪を行い終つてから間がないと明らかに認められるときは、これを現行犯人とみなす。

一　犯人として追呼されているとき。

二　贓物又は明らかに犯罪の用に供したと思われる兇器その他の物を所持しているとき。

三　身体又は被服に犯罪の顕著な証跡があるとき。

四　誰何されて逃走しようとするとき。

（現行犯逮捕）

第213条　現行犯人は、何人でも、逮捕状なくしてこれを逮捕することができる。

（私人による現行犯逮捕と被逮捕者の引渡し）

第214条　検察官、検察事務官及び司法警察職員以外の者は、現行犯人を逮捕したときは、直ちにこれを地方検察庁若しくは区検察庁の検察官又は司法警察職員に引き渡さなければならない。

（現行犯人を受け取った司法巡査の手続）

第215条　司法巡査は、現行犯人を受け取つたときは、速やかにこれを司法警察員に引致しなければならない。

②　司法巡査は、犯人を受け取つた場合には、逮捕者の氏名、住居及び逮捕の事由を聴き取らなければならない。必要があるときは、逮捕者に対しともに官公署に行くことを求めることができる。

（現行犯逮捕と準用規定）

第216条　現行犯人が逮捕された場合には、第199条の規定により被疑者が逮捕された場合に関する規定を準用する。

（軽微な事件と現行犯逮捕）

第217条　30万円（刑法、暴力行為等処罰に関する法律及び経済関係罰則の整備に関する法律の罪以外の罪については、当分の間、2万円）以下の罰金、拘留又は科料に当たる罪の現行犯については、犯人の住居若しくは氏名が明らかでない場合又は犯人が逃亡するおそれがある場合に限り、第213条から前条までの規定を適用する。

次は、現行犯逮捕に関する記述であるが、正しいものはどれか。

〔1〕　私人は現行犯人を逮捕することができない。

〔2〕　親告罪については、被害者の告訴意思が確認できない段階では、いかに逮捕の必要性が高くとも、犯人を現行犯逮捕することはできない。

〔3〕　被疑者の自供により初めて犯行が明らかになった場合は、いかに犯行後の時間経過が短くても、現行犯逮捕をすることはできない。

〔4〕　軽微事件の現行犯逮捕は、犯人の住居若しくは氏名が明らかでなく、かつ、犯人が逃亡するおそれがある場合に限り許される。

〔5〕　休暇で他県を旅行中の警察官が現行犯人を認めて逮捕した場合には、当該警察官は、逮捕の現場における捜索・差押えを行うことができない。

〔解答〕　〔3〕

STEP 1

　現行犯逮捕とは、現に罪を行い、又は現に罪を行い終わった者（現行犯人）を、逮捕状なしに行う逮捕のことである。

STEP 2

　現行犯逮捕・準現行犯逮捕（212条1項・2項）は、誰でも（私人でも）、令状なしにすることができる。令状がなくてもよいのは、現行犯・準現行犯の場合には誤認逮捕のおそれがないため、令状主義の例外を認めてもよいからである。

　現行犯人には実際に「現に罪を行っている者」と「現に罪を行い終わった者」の2つがある。

　1つ目の「現に罪を行っている者」は、例えば、まさに今、刃物を持って被害者に襲いかかっていたり、他人の物を奪おうとしたりしている者のことである。

　2つ目の「現に罪を行い終わった者」にあたるかどうかは、犯行から経過した時間と犯行現場からの距離がどれくらいかで判断される。判例では、「二、三十分」「20メートル」など

具体的な数字を基に判断がなされる。犯行から時間が経てば経つほど、また、場所も離れれば離れるほど、本当に犯罪があったのか、本当にその人が犯人かが怪しくなっていくため、数字がある程度の目安になる。ただし、何分ならOK！　何メートルならOK！というルールはなく、数字も含めて「犯行状況が生々しく残っているか」ということが大事である。

ここに Focus

現行犯逮捕できる者

❶ 現行犯逮捕は何人でも（＝誰でも）することができるから、司法警察員・司法巡査だけでなく私人でも可能である。

現行犯逮捕の要件

❷ 現行犯逮捕は、「現に罪を行っている者（逮捕者の目前でまさに犯罪を行っている者）」か、「現に罪を行い終わった者（犯罪を終了した直後の者）」についてすることができる。

❸ 「現に罪を行い終わった者」として現行犯逮捕をするためには、犯行と逮捕が時間的・場所的に近接していなければならない（＝時間的・場所的近接性）。

❹ 「現に罪を行い終わった者」として現行犯逮捕をするためには、犯罪があったこと・その者が犯人であることが逮捕者にとって明白でなければならない（＝犯行の明白性）。ここでは、犯行直後の生々しい状況が残っていなければならない。

❺ 明文の規定はないが、現行犯逮捕をするためには、逮捕の必要性がなければならない。

❻ 現行犯逮捕の要件をみたすかどうかは、外部的・客観的な状況から判断されるから、被害者の供述や犯人（被疑者）の供述のみから判断して逮捕をすることはできない。

❼ 軽微事件については、犯人の住居若しくは氏名が明らかでない場合又は犯人が逃亡するおそれがある場合に限りすることができる。

私人による現行犯逮捕

❽ 私人が現行犯逮捕をした場合は、直ちに犯人を検察官又は司法警察職員に引き渡さなければならない。

❾ 司法巡査は、現行犯人を受け取ったときは、速やかに司法警察員に引致しなければならない。

❿ 私人は現行犯逮捕をする際、逮捕に必要な限度で有形力を行使することができ、その場合逮捕罪や暴行罪は成立しない。

⑪　私人は、現行犯逮捕をする際、犯人の身体や所持品を捜索する権限を有しない。

⑫　現行犯逮捕は私人でもすることができるから、休暇中の警察官は現行犯逮捕をすることができるが、逮捕の現場における捜索・差押えをすることはできない。

親告罪と現行犯逮捕

⑬　親告罪であっても、現行犯逮捕をすることができる。

判例
A

Ｑ 強制わいせつ事件について、通報を受けた警察官が直ちに現場に急行し、犯行現場で眠っていた犯人を逮捕した場合、「罪を行い終わった者」の逮捕として適法か？

Ａ 犯人を取り違えるおそれがなく犯行直後の生々しい状況が残っていれば、適法である。

東京地決昭42.11.22
　犯行直後の被害者からの通報を受け、直ちに警察官が急行し、被害者の供述に従って現場で眠っていた犯人を逮捕した行為は、逮捕が犯行直後であり、犯罪が行われたことも明瞭である事件においては、「現に罪を行い終わった者」の逮捕にあたり適法である。

判例
B

Ｑ 恐喝未遂事件について、犯行から20分後、犯行現場から20メートルの場所で、被害者の供述のみに基づいて行った逮捕は「罪を行い終わった者」の逮捕として適法か？

Ａ 被害者の供述以外に犯罪の証跡がなく、犯行直後の生々しい状況がないため違法である。

京都地決昭44.11.5
　犯行から20分後に犯行現場から20メートルの場所で、被害者の供述する人相・服装に似た者について、被害者がその者が犯人であると供述したことから逮捕をした場合であっても、明白に犯人と認められるような状況ではなかった本件においては、「現に罪を行い終わった者」の逮捕にあたらず、違法である。

判例
C

Q 暴行・器物損壊事件について、犯行から三、四十分後に犯行現場から20メートルの場所で、手をけがして大声で叫びながら足を洗っている者に対して行った逮捕は、「罪を行い終わった者」の逮捕として適法か？

A 手をけがしている等の犯行直後の生々しい状況が残っていたため、適法である。

最決昭31.10.25

　酩酊状態のAが、飲食店の玄関で従業員の胸を強打し、さらにガラス戸を故意に破損したため、主人が直ちに付近の派出所に届け出て、巡査が現場に急行したところ、従業員からAの暴状を訴えられ、Aはいま飲食店にいると告げられたので、破損箇所を検査した上、直ちに飲食店から約20メートルの場所へ行き、手を怪我して大声で叫びながら洗足しているAを逮捕した場合、その逮捕までに犯行後三、四十分を経過したにすぎないときは、「罪を行い終わった者」にあたる現行犯人の逮捕といえる。

判例
D

Q 公然わいせつ事件について、犯行から1時間後に犯行から近接した場所で、被害者の供述に従って行った逮捕は「罪を行い終わった者」の逮捕として適法か？

A 「現に罪を行い終わった者」の逮捕にあたらず、違法である。

大阪高判昭40.11.8

　映画館で公然わいせつの被害にあった被害者が、一度映画館を出た後、近くにある自宅に帰り、夫と共に映画館に引き返して犯人がまだ館内にいることを確かめた上で、係員に勧められて警察に通報し、通報により臨場した警察官が被害者の供述に基づいて、犯行から約1時間後に行った逮捕は、「現に罪を行い終わった者」の逮捕にあたらず、違法である。

○×問題で復習

Q 〔1〕 現行犯逮捕は、「現に罪を行っている者」についてのみすることができる。

〔2〕 「現に罪を行い終わった者」として現行犯逮捕をするためには、犯行の終了と逮捕の時間的・場所的な近接性は問題とならない。

〔3〕 「現に罪を行い終わった者」として現行犯逮捕をするためには、犯罪があったこと・その者が犯人であることが逮捕者にとって明白でなければならず、逮捕の際に犯行直後の生々しい状況が残っていなければならない。

〔4〕 現行犯逮捕をするためには、逮捕の必要性は不要である。

〔5〕 現行犯逮捕の要件を満たすかどうかは、外部的・客観的な状況から判断しなくてはならないから、被害者の供述や犯人の供述のみをもとに逮捕することはできない。

〔6〕 映画館で公然わいせつの被害にあった被害者が、一度自宅に帰ったが夫と共に映画館に引き返し、係員に勧められて警察に通報し、通報により臨場した警察官が被害者の供述に基づいて犯行から約1時間後に現行犯逮捕をした事案では、当該逮捕は違法とされた。

〔7〕 軽微事件については、犯人の住居若しくは氏名が明らかでない場合又は犯人が逃亡するおそれがある場合に限り、現行犯逮捕をすることができる。

〔8〕 私人が現行犯逮捕をした場合は、直ちに犯人を検察官又は司法警察職員に引き渡さなければならない。

〔9〕 司法巡査は、現行犯人を受け取ったときは速やかに検察官に引致しなければならない。

〔10〕 私人が現行犯逮捕をする際に有形力を行使した場合、それが逮捕に必要な限度であれば、逮捕罪や暴行罪は成立しない。

〔11〕 私人は、現行犯逮捕をする際、逮捕に必要な限度で、犯人の身体や所持品を捜索する権限を有する。

解答解説

×〔1〕　現行犯逮捕は、「<u>現に罪を行っている者</u>」についてのみすることができる。
　　　「現に罪を行っている者」か「現に罪を行い終わった者」について現行犯逮捕することができる

×〔2〕　「現に罪を行い終わった者」として現行犯逮捕をするためには、<u>犯行の終了と</u>
　　　　　　　　　　　　　　　　　　　　　　　　　　　　　　　犯行の終了と
　　　<u>逮捕の時間的・場所的な近接性は問題とならない</u>。
　　　逮捕が、時間的・場所的に近接していなければならない

○〔3〕　「現に罪を行い終わった者」として現行犯逮捕をするためには、<u>犯罪があった</u>
　　　<u>こと・その者が犯人であることが逮捕者にとって明白でなければならず</u>、逮捕の
　　　犯行の明白性
　　　際に犯行直後の生々しい状況が残っていなければならない。

×〔4〕　現行犯逮捕をするためには、<u>逮捕の必要性は不要である</u>。
　　　　　　　　　　　　　　　　　逮捕の必要性がなければならない

○〔5〕　現行犯逮捕の要件を満たすかどうかは、外部的・客観的な状況から判断しなく
　　　てはならないから、被害者の供述や犯人の供述のみをもとに逮捕することはでき
　　　ない。

○〔6〕　映画館で公然わいせつの被害にあった被害者が、一度自宅に帰ったが夫と共に
　　　映画館に引き返し、係員に勧められて警察に通報し、通報により臨場した警察官
　　　が被害者の供述に基づいて犯行から約1時間後に現行犯逮捕をした事案では、
　　　当該逮捕は違法とされた。

○〔7〕 軽微事件については、犯人の住居若しくは氏名が明らかでない場合又は犯人が逃亡するおそれがある場合に限り、現行犯逮捕をすることができる。

○〔8〕 私人が現行犯逮捕をした場合は、直ちに犯人を検察官又は司法警察職員に引き渡さなければならない。

×〔9〕 司法巡査は、現行犯人を受け取ったときは速やかに検察官に引致しなければならない。
　　　　　　　　　　　　　　　　　　　司法警察員

○〔10〕 私人が現行犯逮捕をする際に有形力を行使した場合、それが逮捕に必要な限度であれば、逮捕罪や暴行罪は成立しない。

×〔11〕 私人は、現行犯逮捕をする際、逮捕に必要な限度で、犯人の身体や所持品を捜索する権限を有する。
　　　　　　　　　　　　　　　　　　有しない

4 準現行犯逮捕 ⏱25分

関係条文

········· **刑事訴訟法** ·········

（現行犯人）

第212条 （略）

② 左の各号の一にあたる者が、罪を行い終つてから間がないと明らかに認められると
きは、これを現行犯人とみなす。

一 犯人として追呼されているとき。

二 臓物又は明らかに犯罪の用に供したと思われる兇器その他の物を所持していると
き。

三 身体又は被服に犯罪の顕著な証跡があるとき。

四 誰何されて逃走しようとするとき。

（現行犯逮捕）

第213条 現行犯人は、何人でも、逮捕状なくしてこれを逮捕することができる。

（現行犯逮捕と準用規定）

第216条 現行犯人が逮捕された場合には、第199条の規定により被疑者が逮捕された場
合に関する規定を準用する。

（軽微な事件と現行犯逮捕）

第217条 30万円（刑法、暴力行為等処罰に関する法律及び経済関係罰則の整備に関する
法律の罪以外の罪については、当分の間、２万円）以下の罰金、拘留又は科料に当た
る罪の現行犯については、犯人の住居若しくは氏名が明らかでない場合又は犯人が逃
亡するおそれがある場合に限り、第213条から前条までの規定を適用する。

次は、準現行犯逮捕に関する記述であるが、誤りはどれか。

〔1〕　準現行犯の要件は刑事訴訟法第212条2項に定められているが、同項の個別的要件はあくまで例示的列挙であるから、これらに類する状況があり、しかも罪を行い終わってから間がないと明らかに認められるときは、準現行犯人と認めることができる。

〔2〕　準現行犯人は現行犯人とみなされるが、これは、私人による逮捕が可能であること、軽微な犯罪に関する特例が適用されることなど、すべての点で現行犯人と同様に扱われることを意味する。

〔3〕　「犯人として追呼されている」というためには、必ずしも被害者により追呼されていることを要せず、また、無言で追呼されているときもこれにあたる。

〔4〕　「臓物を所持しているとき」にあたるためには、盗品等を現実に所持又は携帯していることが必要であるが、運転中の自動車内に格納されているときなども「所持している」といえる。

〔5〕　「誰何されて逃走しようとするとき」にあたるためには、文字どおり「あなたは誰だ」と声をかけることが常に必要なわけではなく、例えば、制服警察官が懐中電灯で不審者の顔を照らしたときも「誰何」したといえる。

〔解答〕〔1〕

STEP 1

　準現行犯逮捕とは、罪を行い終わってから間がないと明らかに認められ、下記のア～エのいずれかに該当する者（準現行犯人）を、逮捕状なしにする逮捕のことである。

　　ア　犯人として追呼されているとき。
　　イ　臓物又は明らかに犯罪の用に供したと思われる兇器その他の物を所持しているとき。
　　ウ　身体又は被服に犯罪の顕著な証跡があるとき。
　　エ　誰何されて逃走しようとするとき。

臓物
犯罪行為によって不法に領得されたもの。窃盗罪における盗品など。

誰何
「誰だ？」、「そこで何をしているのか？」など問いただすこと。

STEP 2

　準現行犯の場合には、現行犯よりも犯行からの時間が経っているため、現行犯の場合ほどは犯行が明白ではない。そのため、本当に犯行があったというための客観的な状況が必要になる。その客観的な状況が、 STEP 1 のア～エ（212条2項1～4号）である。ここで注意しなければならないのは、準現行犯逮捕をするためにはア～エのすべてをみたす必要はなく、ア～エのどれかにあてはまればよい、ということである。

　また、準現行犯の場合も現行犯と同じように、判例に「1時間40分」「4キロメートル」といった具体的な数字が出てくるが、これらの数字も現行犯の場合と同様に目安となるにとどまる。本当に犯罪があったといえるか、本当にその人が犯人かをイメージしながら事案を読むとよい。

PART 4

逮捕

ここに Focus

準現行犯逮捕できる者

❶　準現行犯逮捕は何人でも（＝誰でも）することができるから、司法警察員・司法巡査だけでなく私人でも可能である。

準現行犯逮捕の要件

❷　準現行犯人とは、罪を行い終わってから間がないと明らかに認められることに加えて、次のア〜エのどれかに該当する者のことである。

ア　犯人として追呼されているとき。

イ　贓物又は明らかに犯罪の用に供したと思われる兇器その他の物を所持しているとき。

ウ　身体又は被服に犯罪の顕著な証跡があるとき。

エ　誰何されて逃走しようとするとき。

❸　犯行の終了と逮捕は、時間的・場所的に接着していなければならない。

❹　準現行犯逮捕をするためには、犯罪があったこと・その者が犯人であることが逮捕者にとって明白でなければならない（犯行の明白性）。

❺　明文の規定はないが、準現行犯逮捕をするためには、逮捕の必要性がなければならない。

❻　準現行犯逮捕の要件をみたすかどうかは、外部的・客観的な状況から判断されるが、逮捕者が直接覚知していない証拠を資料とすることもできる。

❼　「犯人として追呼されている」というためには、必ずしも被害者により追呼されていることを要せず、また、無言で追呼されているときもこれにあたる。

❽　「贓物を所持しているとき」にあたるためには、盗品等を現実に所持又は携帯していることが必要であるが、運転中の自動車内に格納されているときなども「所持している」といえる。

❾　「身体又は被服に犯罪の顕著な証跡があるとき」とは、例えば、被害者ともみ合った跡がある、返り血を浴びている、といった場合である。

❿　軽微事件については、犯人の住居若しくは氏名が明らかでない場合又は犯人が逃亡するおそれがある場合に限り準現行犯逮捕をすることができる。

私人による準現行犯逮捕

⑪　私人が準現行犯逮捕をした場合は、直ちに犯人を検察官又は司法警察職員に引き渡さなければならない。

⑫　司法巡査は、準現行犯人を受け取ったときは、速やかに司法警察員に引致しなければならない。

⑬　私人は準現行犯逮捕をする際、逮捕に必要な限度で有形力を行使することができ、その場合逮捕罪や暴行罪は成立しない。

⑭　私人は、準現行犯逮捕をする際、犯人の身体や所持品を捜索する権限を有しない。

準現行犯と現行犯

⑮　準現行犯人は現行犯人とみなされるため、現行犯人とすべての点で同じ扱いを受ける。

PART
4

逮

捕

Q 懐中電灯で犯人を照らした場合など、「誰か」と問わなくても「誰何されて」にあたるか？

A 「誰何されて」にあたる。

制服警察官が懐中電灯で不審者の顔を照らしたときも「誰何されて」にあたるかが争われた事例。

> **最決昭42. 9 .13**
>
> 　警察官が犯人と思われる者たちを懐中電灯で照らし、同人らに向かって警笛を鳴らしたのに対し、相手方がこれによって警察官と知って逃走しようとしたときは、口頭で「誰か」と問わなくても、「誰何されて逃走しようとするとき」にあたる。

Q 兇器準備集合事件について、犯行から約１時間40分後に犯行現場から約４キロメートルの場所で、犯人として追呼され、誰何されて逃走しようとする者を準現行犯逮捕することは適法か？

A 腕に籠手を装着している等の犯行の明白性があれば適法である。

> **最決平 8 . 1 .29【和光大事件】**
>
> 　兇器準備集合事件について、犯行から約１時間40分後に犯行現場から約４キロメートルの場所で、職務質問のため停止するよう求めると逃走しようとしたため、10メートル追跡して追い付き、腕に籠手を装着していること、髪がべっとり濡れて靴が泥まみれであること、顔面に新しい傷跡があること、血の混じったつばを吐いていることを確認して行った逮捕は、準現行犯逮捕として適法である。

判例

C

Q 犯行から20分後に犯行現場から20メートルの場所で、兇器なども所持しておらず、身体や被服にも犯罪の証跡が残っていない者を、被害者の供述のみに基づいて行った準現行犯逮捕は適法か？

A 被害者の供述のほかに犯行の明白性を認める事実がないため、違法である。

京都地決昭44.11.5

　犯行から約20分後に犯行現場から約20メートルの場所で、兇器なども所持しておらず、身体や被服にも犯罪の証跡が残っていない者を、被害者の供述に基づいて準現行犯逮捕した事案では、当該逮捕は違法である。

PART 4

逮

捕

○×問題で復習

Q 〔1〕 私人でも準現行犯逮捕をすることは可能である。

〔2〕 準現行犯人というためには、罪を行い終わってから間がないと明らかに認められるか、若しくは、犯人として追呼されているとき、臓物又は明らかに犯罪の用に供したと思われる兇器その他の物を所持しているとき、身体又は被服に犯罪の顕著な証跡があるとき、誰何されて逃走しようとするときの、いずれかに該当しなければならない。

〔3〕 「犯人として追呼されている」というためには、被害者により追呼されていることが必要である。

〔4〕 「臓物を所持しているとき」にあたるためには、盗品等を現実に所持又は携帯していることが必要であり、逮捕の瞬間に犯人がその手に所持している必要がある。

〔5〕 「誰何されて逃走しようとするとき」にあたるためには、文字どおり「あなたは誰だ」と声をかけることが常に必要である。

〔6〕 軽微事件については、犯人の住居若しくは氏名が明らかでない場合又は犯人が逃亡するおそれがある場合に限り準現行犯逮捕をすることができる。

〔7〕 私人が準現行犯逮捕をした場合には直ちに犯人を引き渡さなければならないが、この場合、司法巡査は準現行犯人を受け取ることができない。

〔8〕 私人は準現行犯逮捕をする際、逮捕に必要な限度で有形力を行使することができ、また、犯人の身体や所持品を捜索する権限も有する。

解答解説

○〔1〕 私人でも準現行犯逮捕をすることは可能である。

×〔2〕 準現行犯人というためには、罪を行い終わってから間がないと明らかに認められるか、若しくは、犯人として追呼されているとき、臓物又は明らかに犯罪の用に供したと思われる兇器その他の物を所持しているとき、身体又は被服に犯罪の顕著な証跡があるとき、誰何されて逃走しようとするときの、~~いずれかに該当しなければならない。~~
<small>「罪を行い終わってから間がないと明らかに認められること」に加えてその他いずれかに該当する必要がある</small>

×〔3〕 「犯人として追呼されている」というためには、~~被害者により追呼されていることが必要である。~~
<small>必ずしも被害者に追呼されていることを要しない（また、無言で追呼されている場合でもよい）</small>

×〔4〕 「臓物を所持しているとき」にあたるためには、盗品等を現実に所持又は携帯していることが必要であり、~~逮捕の瞬間に犯人がその手に所持している必要がある。~~
<small>運転中の自動車内に格納されているときなどでもよい</small>

×〔5〕 「誰何されて逃走しようとするとき」にあたるためには、文字どおり「あなたは誰だ」と~~声をかけることが常に必要である。~~
<small>常に声をかけることが必要なわけではない</small>

○〔6〕 軽微事件については、犯人の住居若しくは氏名が明らかでない場合又は犯人が逃亡するおそれがある場合に限り準現行犯逮捕をすることができる。

×〔7〕　私人が準現行犯逮捕をした場合には直ちに犯人を引き渡さなければならないが、

この場合、司法巡査は準現行犯人を受け取ることができない。

司法警察職員（司法警察員＋司法巡査）は受け取ることができる

×〔8〕　私人は準現行犯逮捕をする際、逮捕に必要な限度で有形力を行使することがで

き、また、犯人の身体や所持品を捜索する権限も有する。

犯人の身体や所持品を捜索する権限は有しない

	通常逮捕	緊急逮捕	現行犯逮捕	準現行犯逮捕
令状の要否	必要	必要	不要	不要
逮捕状の発付時期	逮捕前	逮捕後		
逮捕状の請求権者	検察官 司法警察員	検察官 検察事務官 司法警察員 司法巡査		
逮捕できる者	検察官 検察事務官 司法警察員 司法巡査	検察官 検察事務官 司法警察員 司法巡査	何人でも（誰でも）	何人でも（誰でも）
要　件	①逮捕の理由 ②逮捕の必要性	①犯罪の重大性 ②嫌疑の充分性 ③逮捕の緊急性 ④理由の告知 ⑤直ちに逮捕状の請求 ⑥逮捕の必要性（明文はないが必要）	①「現に罪を行い」又は「現に罪を行い終わった」者（ i 、ii で判断） 　i　犯罪と犯人の明白性 　ii　犯行と逮捕の時間的・場所的接着性 ②逮捕の必要性（明文はないが必要）	①次のいずれかに該当 　i　犯人として追呼されている 　ii　臓物又は明らかに犯罪の用に供したと思われる兇器その他の物を所持している 　iii　身体又は被服に犯罪の顕著な証跡がある 　iv　誰何されて逃走しようとする ②「罪を行い終わってから間がないと明らかに認められる」（ i 、ii で判断） 　i　犯罪と犯人の明白性 　ii　犯行と逮捕の時間的・場所的接着性
逮捕の要件の判断	逮捕時を基準として判断する。	逮捕時を基準として判断する。	外部的・客観的な状況から判断する。 →被害者の供述や犯人の供述のみを逮捕の認定資料とすることはできない。	外部的・客観的な状況から判断する。 →被害者の供述や犯人の供述のみを逮捕の認定資料とすることもできる。

PART 4　逮捕

Chapter 5
再逮捕の禁止・一罪一逮捕の原則

 19分

関係条文

········· **刑事訴訟法** ·········

（逮捕状による逮捕要件）

第199条　（略）

②　（略）

③　検察官又は司法警察員は、第一項の逮捕状を請求する場合において、同一の犯罪事実についてその被疑者に対し前に逮捕状の請求又はその発付があつたときは、その旨を裁判所に通知しなければならない。

次は、再逮捕に関する記述であるが、誤りはどれか。

〔1〕　被疑者Aを通常逮捕したが、警察署に引致した直後に逃走された。逃走から20時間後にAを発見し、これが最初の逮捕後48時間以内であれば、同一逮捕状により再逮捕することができる。

〔2〕　被疑者Bを逮捕後に、逃亡又は罪証隠滅のおそれなしと判断して釈放したが、その後に逃亡又は罪証隠滅のおそれが生じた場合、同一被疑事実について逮捕状の発付を得て、再逮捕することができる。

〔3〕　被疑者Cを甲事実で通常逮捕して取り調べた結果、甲被疑事実ではなく、乙被疑事実であることが判明した場合、甲と乙の被疑事実に同一性があれば、乙についての再逮捕手続をとらずに、甲を乙に変更して送致することができる。

〔4〕　被疑者Dを逮捕後に嫌疑不十分で釈放したが、その後新たな証拠を発見し、逮捕の必要性がある場合には、同一事実によって再逮捕することができる。

〔5〕　被疑者Eを現行犯逮捕して身柄送致したところ、逮捕手続が違法であるとの理由により、勾留請求が却下されたため釈放した。この場合、逮捕の必要性があれば、逮捕手続を適法にとり直して、同一被疑事実により再逮捕することができる。

〔解答〕〔1〕

STEP 1

　再逮捕とは、同一の被疑事実について逮捕を繰り返すことである。再逮捕は、人権保障のために逮捕に時間制限を設けた趣旨を無にしないよう、原則として禁止される（再逮捕禁止の原則）。ただし、再逮捕をすることに合理性があり身柄拘束の不当な蒸し返しにあたらなければ、例外的に許される。199条3項は再逮捕を予定した条文だと考えられている。

　また、同一の被疑事実について同時に複数の逮捕をすることも、原則として禁止されている（一罪一逮捕の原則）。ただし、捜査機関による同時処理が不可能であった場合には、不当な蒸し返しにあたらないため、例外的に許される。

STEP 2

　逮捕は身柄の拘束である。逮捕されれば、会社に行くことも、買い物に行くことも、飲みに行くこともできない。このような自由を奪う行為がむやみやたらと繰り返されれば、逮捕された人の人権が侵害されてしまう。他方で、どうしても再逮捕が必要なこともあり、そのような場合にも再逮捕を認めないとするならば、捜査の実効性は失われてしまう。そこで、身柄拘束の不当な蒸し返しにならないのであれば、例外的に再逮捕が認められるとされているのである。

ここに**Focus**

再逮捕の禁止

❶　再逮捕は、原則として禁止されるが、再逮捕の合理性があり身柄拘束の不当な蒸し返しにあたらなければ、例外的に許される。

❷　刑事訴訟法199条 3 項は再逮捕を予定した条文である。

❸　逮捕状の執行前に期間経過によって逮捕状が失効した場合や、逮捕中に被疑者が逃走したときは、再逮捕が許される。

❹　逮捕勾留後に身柄を釈放した後に新たに逃亡や罪証隠滅のおそれが発生したとき、嫌疑不十分で釈放した後に新たな証拠が発見されたときは、再逮捕が許される。

❺　先の逮捕勾留期間中に余罪の取調べが相当行われているときに、その余罪を被疑事実としてする再逮捕は許されない。

❻　逮捕状は逮捕をすればその目的を達し、その効力を失うため、一度逮捕した被疑者が逃走した場合には、逮捕から48時間以内であっても、改めて逮捕状を請求しなければ再逮捕はできない。

❼　罪名が異なっていても同一の被疑事実については逮捕の効力が及ぶため、甲被疑事実による逮捕後の取調べの結果、当該事実が乙被疑事実であることが判明した場合には、甲と乙の被疑事実に同一性があれば、甲を乙に変更して送致することができる。

❽　勾留の前提である現行犯逮捕が違法であるとして勾留請求が却下された場合には、同一被疑事実につき適法な逮捕手続を行えば、再逮捕することができる。

一罪一逮捕の原則

❾　同一の被疑事実について同時に複数の逮捕をすることは原則として禁止されるが、捜査機関による同時処理が不可能であった場合には、不当な蒸し返しにあたらないため、例外的に許される。

○×問題で復習

Q 〔1〕 刑事訴訟法199条3項は、再逮捕を予定した条文である。

〔2〕 再逮捕は、再逮捕の合理性があり身柄拘束の不当な蒸し返しにならなければ許される。

〔3〕 逮捕勾留後に身柄を釈放した後に新たに逃亡や罪証隠滅のおそれが発生したときには再逮捕が許されるが、嫌疑不十分で釈放した後に新たな証拠が発見されたときは再逮捕は許されない。

〔4〕 一度逮捕した被疑者が逃走した場合に、同一事実につき再び通常逮捕しようとするときは、改めて請求した逮捕状によって再逮捕しなければならない。

〔5〕 A被疑事実による逮捕後の取調べの結果、当該事実がB被疑事実であることが判明した場合には、AとBの被疑事実に同一性があったとしても、AをBに変更して送致することはできない。

〔6〕 勾留の前提である現行犯逮捕が違法であるとして勾留請求が却下された場合であっても、同一被疑事実につき適法な逮捕手続を行えば、再逮捕することができる。

〔7〕 同一の被疑事実について同時に複数の逮捕をすることは原則として禁止されるが、捜査機関による同時処理が不可能であった場合には、不当な蒸し返しにあたらないため、例外的に許される。

解答解説

〇〔1〕　刑事訴訟法199条3項は、再逮捕を予定した条文である。

〇〔2〕　再逮捕は、再逮捕の合理性があり身柄拘束の不当な蒸し返しにならなければ許される。

×〔3〕　逮捕勾留後に身柄を釈放した後に新たに逃亡や罪証隠滅のおそれが発生したときには再逮捕が許されるが、嫌疑不十分で釈放した後に新たな証拠が発見されたときは再逮捕は <u>許されない</u> 。

　　　　　　　　　　　　　許される

〇〔4〕　一度逮捕した被疑者が逃走した場合に、同一事実につき再び通常逮捕しようとするときは、<u>改めて請求した逮捕状によって再逮捕しなければならない。</u>

　　　　　逮捕状は一度逮捕するとその目的を達し、効力を失うため

×〔5〕　A被疑事実による逮捕後の取調べの結果、当該事実がB被疑事実であることが判明した場合には、AとBの被疑事実に同一性があったとしても、<u>AをBに変更し</u>

　　　　　　　　　　　　　　　被疑事実に同一性があれば、変更しての送致ができる

<u>て送致することはできない。</u>

〇〔6〕　勾留の前提である現行犯逮捕が違法であるとして勾留請求が却下された場合であっても、同一被疑事実につき適法な逮捕手続を行えば、再逮捕することができる。

〇〔7〕　同一の被疑事実について同時に複数の逮捕をすることは原則として禁止されるが、捜査機関による同時処理が不可能であった場合には、不当な蒸し返しにあたらないため、例外的に許される。

MEMO

Part ⑤

逮捕後の手続

逮捕後の時間制限 （23分）

司法警察員・司法巡査及び現行犯逮捕における
私人が逮捕した場合

Chapter 1

関係条文

……… **刑事訴訟法** ………

（検察官・司法警察員への引致）
第202条　検察事務官又は司法巡査が逮捕状により被疑者を逮捕したときは、直ちに、検察事務官はこれを検察官に、司法巡査はこれを司法警察員に引致しなければならない。
（司法警察員の手続、検察官送致の時間の制限）
第203条　司法警察員は、逮捕状により被疑者を逮捕したとき、又は逮捕状により逮捕された被疑者を受け取つたときは、直ちに犯罪事実の要旨及び弁護人を選任することができる旨を告げた上、弁解の機会を与え、留置の必要がないと思料するときは直ちにこれを釈放し、留置の必要があると思料するときは被疑者が身体を拘束された時から48時間以内に書類及び証拠物とともにこれを検察官に送致する手続をしなければならない。
②〜④　（略）
⑤　第1項の時間の制限内に送致の手続をしないときは、直ちに被疑者を釈放しなければならない。
（司法警察員から送致を受けた検察官の手続・勾留請求の時間の制限）
第205条　検察官は、第203条の規定により送致された被疑者を受け取つたときは、弁解の機会を与え、留置の必要がないと思料するときは直ちにこれを釈放し、留置の必要があると思料するときは被疑者を受け取つた時から24時間以内に裁判官に被疑者の勾留を請求しなければならない。
②　前項の時間の制限は、被疑者が身体を拘束された時から72時間を超えることができない。
③　前2項の時間の制限内に公訴を提起したときは、勾留の請求をすることを要しない。
④　第1項及び第2項の時間の制限内に勾留の請求又は公訴の提起をしないときは、直ちに被疑者を釈放しなければならない。
（起訴前の勾留期間・期間の延長）
第208条　前条の規定により被疑者を勾留した事件につき、勾留の請求をした日から10日以内に公訴を提起しないときは、検察官は、直ちに被疑者を釈放しなければならない。
②　裁判官は、やむを得ない事由があると認めるときは、検察官の請求により、前項の期間を延長することができる。この期間の延長は、通じて10日を超えることができない。

（勾留期間の再延長）

第208条の2 裁判官は、刑法第2編第2章乃至第4章又は第8章の罪にあたる事件については、検察官の請求により、前条第2項の規定により延長された期間を更に延長することができる。この期間の延長は、通じて5日を超えることができない。

こんな問題が出る！

次は、逮捕された被疑者を受け取った後における司法警察員の手続に関する記述であるが、正しいものはどれか。

〔1〕 被疑者に対して被疑事実を告知する必要があるが、48時間以内に検察官に送致するという時間制限があり迅速を要することから、「罪名」のみを告げれば足り、被疑事実の全部を告知する必要はない。

〔2〕 被疑者に対して弁護人選任権の告知をする必要があるが、その後も、捜査官は取調べの都度、被疑者に弁護人選任権を告知する必要がある。

〔3〕 緊急逮捕した被疑者がけがを負い、病院に搬送され、入院措置になった場合は、当該病院で引致を受け、手続に従い、弁解の機会を与えて留置の要否の判断を行う。

〔4〕 弁解の録取に引き続いて取調べを実施することは差し支えないとされているが、弁解録取と引き続いての取調べにおける被疑者の供述の録取を1通の調書にすることは、特段の事情がない限り原則として許されない。

〔5〕 検察官に送致する前に被疑者を留置しておく必要がなくなったとしても、司法警察員には被疑者を釈放する権限がないので、必ず身柄を検察官に送致する必要がある。

〔解答〕〔3〕

STEP 1

刑事訴訟法には、被疑者を逮捕した後にとらなければならない手続が定められている。ここでは、被疑者の人権保障のため、厳格な時間制限が設けられている。

司法警察員は、被疑者の逮捕又は被疑者の受け取り後直ちに、被疑者に対して犯罪事実の要旨の告知、弁護人選任権の告知、弁解の機会の付与をしなければならない。

犯罪事実の要旨の告知については、罪名のみではなく、被疑事実全てを告知しなければならない。

弁護人選任権
逮捕された被疑者が、資格を持つ弁護人を依頼することができる権利。

STEP 2

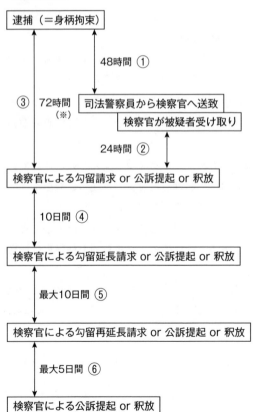

逮捕（＝身柄拘束）

48時間 ①

③ 72時間（※）

司法警察員から検察官へ送致
検察官が被疑者受け取り

24時間 ②

検察官による勾留請求 or 公訴提起 or 釈放

10日間 ④

検察官による勾留延長請求 or 公訴提起 or 釈放

最大10日間 ⑤

検察官による勾留再延長請求 or 公訴提起 or 釈放

最大5日間 ⑥

検察官による公訴提起 or 釈放

※左の図は、司法警察職員が逮捕をした場合の図。検察官、検察事務官が逮捕した場合は①、②はなく、③は48時間。

① 　留置の必要があると思料するときは被疑者が身体を拘束された時から48時間以内に書類及び証拠物とともにこれを検察官に送致する手続をしなければならない。

② 　検察官は、送致された被疑者を受け取ったときは、弁解の機会を与え、留置の必要があると思料するときは被疑者を受け取った時から24時間以内に裁判官に被疑者の勾留を請求しなければならない。

③ 　被疑者が身体を拘束された時から、検察官による勾留請求・公訴の提起・釈放まで72時間を超えることができない。

④ 　検察官による勾留請求から勾留延長の請求・公訴の提起・釈放までは10日間でなければならない。

⑤ 　検察官による勾留延長の請求から勾留再延長の請求・公訴の提起・釈放までは最大10日間でなければならない。

⑥ 　検察官による勾留再延長の請求から公訴の提起・釈放までは最大 5 日間でなければならない。

ここに Focus

被疑者の権利の告知

❶　司法警察員は、被疑者の逮捕又は被疑者の受け取り後直ちに、被疑者に対して犯罪事実の要旨の告知、弁護人選任権の告知、弁解の機会の付与をしなければならない。

❷　犯罪事実の要旨の告知については、罪名のみではなく、被疑事実全てを告知しなければならない。

❸　弁護人選任権とは、逮捕された被疑者が、資格を持つ弁護人を依頼することができる権利のことである。

❹　弁護人選任権の告知は、被疑者を取り調べる度に行う必要はない。【判例A】

❺　弁解録取書と供述調書は本来別の書類であるが、弁解の録取に引き続いて取調べをする場合には、被疑者の弁解と供述を1通の調書にすることができる。

❻　検察官は、被疑者の逮捕又は被疑者の受け取り後、被疑者に対して弁解の機会の付与をしなければならない。

❼　緊急逮捕した被疑者がけがを負い、病院に搬送されて入院した場合は、当該病院で引致を受け、手続に従い、弁解の機会を与えて留置の要否の判断を行う。

時間制限

❽　司法警察員は、逮捕の時から48時間以内に、被疑者を検察官に送致するか釈放しなければならない。

❾　検察官は、送致されてきた被疑者を受け取った時から24時間以内に、勾留請求、公訴提起又は釈放をしなければならない。

❿　検察官は、被疑者の逮捕の時から72時間以内に、勾留請求、公訴提起又は釈放をしなければならない。

⓫　検察官による勾留請求から勾留延長の請求・公訴の提起・釈放までは10日間でなければならない。

⓬　検察官による勾留延長の請求から勾留再延長の請求・公訴の提起・釈放までは最大10日間でなければならない。

⑬　検察官による勾留再延長（内乱罪等の一定の罪に限る）の請求から公訴の提起・釈放までは最大 5 日間でなければならない。

その他

⑭　「送致」と「送付」は、実質的に同じ手続である。

⑮　少年事件についても原則として検察官に送致するが、罰金以下の刑にあたる事件については家庭裁判所に送致する。

PART 5

逮捕後の手続

判例
A

Q 被疑者を取り調べる際、その都度弁護人を選任できることを告知する必要があるか？

A 必要ない。

　自首の際に作成した供述調書や、その後作成された供述調書及び検察官供述調書すべてに、弁護人を選任することができる旨の告知をしたことの記載がないことについて違法性が問われた事件。

> **東京高判昭30.3.1**
> 　司法警察員や検察官が、被疑者に対し、<u>弁護人の選任ができる旨を告知</u>することを要するのは刑事訴訟法第203条または204条に該当する場合に限るのであって、<u>被疑者を取調べる都度その旨の告知を必要とするものではない</u>。

○×問題で復習

Q　〔1〕　司法警察員は、自ら被疑者を逮捕した場合にのみ、被疑者に対して犯罪事実の要旨の告知、弁護人選任権の告知、弁解の機会の付与をすればよい。

　〔2〕　犯罪事実の要旨の告知については、罪名のみを告知すればよい。

　〔3〕　弁護人選任権の告知は、被疑者を取り調べる度に必要である。

　〔4〕　弁解の録取に引き続き取調べをする場合には、被疑者の弁解と供述を1通の調書にすることができる。

　〔5〕　司法警察員は、逮捕の時から24時間以内に、被疑者を検察官に送致するか釈放しなければならない。

　〔6〕　司法警察員から送致された被疑者を受け取った検察官が勾留請求をする場合、被疑者を受け取った時点から24時間以内であれば、勾留請求を翌日とすることもできる。

　〔7〕　検察官には勾留請求及び勾留延長請求が認められているが、勾留の再延長請求は、どのような場合であっても認められていない。

PART 5

逮捕後の手続

解答解説

×〔1〕　司法警察員は、<u>自ら被疑者を逮捕した場合にのみ</u>、被疑者に対して犯罪事実の
　　　　　　　　　　被疑者の逮捕又は被疑者の受け取り後直ちに
　　　要旨の告知、弁護人選任権の告知、弁解の機会の付与をすればよい。

×〔2〕　犯罪事実の要旨の告知については、<u>罪名のみを告知すればよい。</u>
　　　　　　　　　　　　　　　　　　　被疑事実すべてを告知しなければならない

×〔3〕　弁護人選任権の告知は、<u>被疑者を取り調べる度に必要である。</u>
　　　　　　　　　　　　　　取り調べる度に必要なわけではない

○〔4〕　弁解の録取に引き続き取調べをする場合には、<u>被疑者の弁解と供述を１通の調</u>
　　　　　　弁解録取書と供述調書は本来別の書類であるが、弁解の録取に引き続き取調べをする
　　　<u>書にすることができる。</u>
　　　ときは１通の調書にすることができる

×〔5〕　司法警察員は、逮捕の時から<u>24時間以内</u>に、被疑者を検察官に送致するか釈放
　　　　　　　　　　　　　　　　48時間以内
　　　しなければならない。

○〔6〕　司法警察員から送致された被疑者を受け取った検察官が勾留請求をする場合、

　　　被疑者を受け取った時点から24時間以内であれば、勾留請求を翌日とすることも

　　　できる。

×〔7〕　検察官には勾留請求及び勾留延長請求が認められているが、<u>勾留の再延長請求</u>
　　　　　　　　　　　　　　　　　　　　　　　　　　内乱罪等の一定の
　　　<u>は、どのような場合であっても認められていない。</u>
　　　罪については最大５日間の再延長が認められることがある

弁護人の選任  ⏱22分

関係条文

---- **日本国憲法** ----

（刑事被告人の権利）

第37条　（略）

②　（略）

③　刑事被告人は、いかなる場合にも、資格を有する弁護人を依頼することができる。被告人が自らこれを依頼することができないときは、国でこれを附する。

---- **刑事訴訟法** ----

（弁護人選任の時期）

第30条　被告人又は被疑者は、何時でも弁護人を選任することができる。

②　被告人又は被疑者の法定代理人、保佐人、配偶者、直系の親族及び兄弟姉妹は、独立して弁護人を選任することができる。

（弁護人に選任される資格）

第31条　弁護人は、弁護士の中からこれを選任しなければならない。

②　（略）

（弁護人選任の申出）

第31条の2　弁護人を選任しようとする被告人又は被疑者は、弁護士会に対し、弁護人の選任の申出をすることができる。

②・③　（略）

（被告人の国選弁護）

第36条　被告人が貧困その他の事由により弁護人を選任することができないときは、裁判所は、その請求により、被告人のため弁護人を附しなければならない。但し、被告人以外の者が選任した弁護人がある場合は、この限りでない。

（資力申告書の提出）

第36条の2　この法律により弁護人を要する場合を除いて、被告人が前条の請求をするには、資力申告書（その者に属する現金、預金その他政令で定めるこれらに準ずる資産の合計額（以下「資力」という。）及びその内訳を申告する書面をいう。以下同じ。）を提出しなければならない。

（被疑者の国選弁護）

第37条の2　被疑者に対して勾留状が発せられている場合において、被疑者が貧困その

他の事由により弁護人を選任することができないときは、裁判官は、その請求により、被疑者のため弁護人を付さなければならない。ただし、被疑者以外の者が選任した弁護人がある場合又は被疑者が釈放された場合は、この限りでない。

②　前項の請求は、勾留を請求された被疑者も、これをすることができる。

（選任請求の手続）

第37条の3　前条第1項の請求をするには、資力申告書を提出しなければならない。

②・③　（略）

（弁護人選任の申出）

第78条　勾引又は勾留された被告人は、裁判所又は刑事施設の長若しくはその代理者に弁護士、弁護士法人又は弁護士会を指定して弁護人の選任を申し出ることができる。ただし、被告人に弁護人があるときは、この限りでない。

②　前項の申出を受けた裁判所又は刑事施設の長若しくはその代理者は、直ちに被告人の指定した弁護士、弁護士法人又は弁護士会にその旨を通知しなければならない。被告人が二人以上の弁護士又は2以上の弁護士法人若しくは弁護士会を指定して前項の申出をしたときは、そのうちの一人の弁護士又は一の弁護士法人若しくは弁護士会にこれを通知すれば足りる。

（逮捕状による逮捕に関する準用規定）

第209条　第74条、第75条及び第78条の規定は、逮捕状による逮捕についてこれを準用する。

こんな問題が出る！

次は、弁護人の選任に関する記述であるが、誤りはどれか。

〔1〕　刑事訴訟法上、被告人・被疑者は、身柄拘束をされていなければ私選弁護人を選任することはできない。

〔2〕　被告人又は被疑者の法定代理人、保佐人、配偶者、直系の親族及び兄弟姉妹は、本人の意思に関係なく、弁護人を選任することができる。

〔3〕　被疑者に弁護人の有無を尋ねたところ、弁護人が既にあることが判明した場合には、弁護人選任権を告知する必要がない。

〔4〕　弁護人は、弁護士の中からこれを選任しなければならないのが原則であるが、例外的に、裁判所の許可を得た上で弁護士でない者を弁護人に選任することができる場合もある。

〔5〕　被疑者が弁護士、弁護士法人又は弁護士会を指定して弁護人の選任を申し出たときは、申出を受けた裁判所又は刑事施設の長などは、直ちにその旨を当該弁護士等に通知しなければならない。

〔解答〕　〔1〕

STEP **1**

　人権の保障の観点から、刑事訴訟法においては、被告人及び被疑者の弁護人選任権が保障されている。被告人の弁護人選任権は憲法に由来する。

STEP **2**

弁護人選任権
刑事事件において被疑者が弁護士に依頼し、弁護活動を受けることができる権利。

	私選弁護	国選弁護
選任者	①被告人 ②被疑者 ③法定代理人、保佐人、配偶者、直系の親族、兄弟姉妹	国
選任時期	いつでも可能	①被告人 →いつでも可能 ②被疑者 →勾留状が発せられたか、勾留が請求された段階から可能
申出	①原則、弁護士会に対して申出 ②勾引・勾留された被告人 →裁判所・刑事施設の長などに対して申出 ③逮捕された被疑者 →裁判官・刑事施設の長などに対して申出	①被告人 →資力申告書を提出して裁判所に請求 ②被疑者 →資力申告書を提出して裁判官に請求
国選弁護人を選任しなくてよい場合		①被告人 →被告人以外の者が選任した弁護人がいる場合 ②被疑者 →被疑者以外の者が選任した弁護人がいる場合 →釈放された場合
資力要件	なし	あり →資力申告書の提出

PART 5

逮捕後の手続

ここに Focus

私選弁護

❶ 被告人・被疑者は、身柄拘束（逮捕、勾留）の有無を問わず、いつでも弁護人を選任することができる。

❷ 被告人・被疑者の法定代理人、保佐人、配偶者、直系の親族及び兄弟姉妹は、独立して弁護人を選任できる。

❸ 弁護人を選任しようとする被告人・被疑者は、弁護士会に対し、弁護人の選任の申出をすることができる。

❹ 勾引・勾留された被告人は、裁判所又は刑事施設の長等に弁護士、弁護士法人又は弁護士会を指定して弁護人の選任を申し出ることができる。この場合、裁判所・刑事施設の長等は、直ちにその旨を当該弁護士等に通知しなければならない。

❺ 逮捕された被疑者は、裁判官又は刑事施設の長等に弁護士、弁護士法人又は弁護士会を指定して弁護人の選任を申し出ることができる。この場合、裁判官・刑事施設の長等は、直ちにその旨を当該弁護士等に通知しなければならない。

国選弁護

❻ 被告人が貧困などにより弁護人を選任することができないときは、原則として、裁判所は請求に応じて被告人に弁護人を附さなければならない。

❼ 被告人が国選弁護人の選任の請求をしても、被告人以外の者が選任した弁護人がいる場合には、国選弁護人を附する必要はない。

❽ 被告人が国選弁護人の請求をする際には、資力申告書等を提出しなければならない。

❾ 勾留状が発せられているか勾留状を請求されている被疑者が、貧困などにより弁護人を選任することができないときは、原則として、裁判所は請求に応じて被疑者に弁護人を附さなければならない。

❿ 勾留状が発せられているか勾留状を請求されている被疑者が、国選弁護人の選任の請求をしても、被疑者以外の者が選任した弁護人がいる場合又は被疑者が釈放された場合には、国選弁護人を附する必要はない。

⓫ 勾留状が発せられているか勾留を請求されている被疑者が、国選弁護人の請求

をする際には、資力申告書等を提出しなければならない。

弁護人となる資格

⑫　弁護人は、弁護士の中から選任するのが原則であるが、簡易裁判所、家庭裁判所及び地方裁判所においては、裁判所の許可があれば弁護士でない者を弁護人とすることができる。

○×問題で復習

Q 〔1〕 被告人及び被疑者は、身柄を拘束されている場合にのみ、弁護人を選任することができる。

〔2〕 被告人・被疑者のほかに独立の私選弁護人選任権を持っているのは、法定代理人、保佐人、配偶者のみである。

〔3〕 勾引・勾留された被告人は、裁判所又は刑事施設の長等に弁護士、弁護士法人又は弁護士会を指定して弁護人の選任を申し出ることができ、この場合、裁判所・刑事施設の長等は、直ちにその旨を当該弁護士等に通知しなければならない。

〔4〕 逮捕されていない被疑者は、裁判官又は刑事施設の長等に弁護士、弁護士法人又は弁護士会を指定して弁護人の選任を申し出ることができる。この場合、裁判官・刑事施設の長等は、直ちにその旨を当該弁護士等に通知しなければならない。

〔5〕 被告人が貧困などにより弁護人を選任することができないときは、裁判所は、請求に応じて、例外なく被告人に弁護人を附さなければならない。

〔6〕 勾留状が発せられているか勾留状を請求されている被疑者が、貧困などにより弁護人を選任することができないとして国選弁護人の選任を請求した場合でも、被疑者が釈放されたときは弁護人を選任する必要はない。

〔7〕 国選弁護人の選任の請求をする際には、被告人、被疑者共に資力申告書等を提出しなければならない。

〔8〕 弁護人は弁護士の中から選任するのが原則であるが、最高裁判所においては裁判所の許可があれば、弁護士でない者を弁護人とすることができる。

解答解説

× 〔1〕　被告人及び被疑者は、身柄を拘束されている場合にのみ、弁護人を選任するこ
　　　　　　　　　　　　　　　　　　身柄拘束の有無に関係なくいつでも
とができる。

× 〔2〕　被告人・被疑者のほかに独立の私選弁護人選任権を持っているのは、法定代理
　　　　　　　　　　　　　　　　　　　　　　　　　　　　　　　　　被告人や
人、保佐人、配偶者のみである。
被疑者の直系の親族及び兄弟姉妹も選任できる

○ 〔3〕　勾引・勾留された被告人は、裁判所又は刑事施設の長等に弁護士、弁護士法人
又は弁護士会を指定して弁護人の選任を申し出ることができ、この場合、裁判
所・刑事施設の長等は、直ちにその旨を当該弁護士等に通知しなければならない。

○ 〔4〕　逮捕されていない被疑者は、裁判官又は刑事施設の長等に弁護士、弁護士法人
又は弁護士会を指定して弁護人の選任を申し出ることができる。この場合、裁判
官・刑事施設の長等は、直ちにその旨を当該弁護士等に通知しなければならない。

× 〔5〕　被告人が貧困などにより弁護人を選任することができないときは、裁判所は、
請求に応じて、例外なく被告人に弁護人を附さなければならない。
　　　　　　　被告人以外が選任した弁護人がいれば国選弁護人を附する必要はない

○ 〔6〕　勾留状が発せられているか勾留状を請求されている被疑者が、貧困などにより
弁護人を選任することができないとして国選弁護人の選任を請求した場合でも、
被疑者が釈放されたときは弁護人を選任する必要はない。

○〔7〕 国選弁護人の選任の請求をする際には、被告人、被疑者共に資力申告書等を提

出しなければならない。

×〔8〕 弁護人は弁護士の中から選任するのが原則であるが、最高裁判所においては裁

簡易裁判所、家庭裁判所及び地方裁判所

判所の許可があれば、弁護士でない者を弁護人とすることができる。

接見交通  30分

関係条文

········· **刑事訴訟法** ·········

（被告人・被疑者との接見交通）

第39条　身体の拘束を受けている被告人又は被疑者は、弁護人又は弁護人を選任することができる者の依頼により弁護人となろうとする者（弁護士でない者にあつては、第31条第2項の許可があつた後に限る。）と立会人なくして接見し、又は書類若しくは物の授受をすることができる。

② 　前項の接見又は授受については、法令（裁判所の規則を含む。以下同じ。）で、被告人又は被疑者の逃亡、罪証の隠滅又は戒護に支障のある物の授受を防ぐため必要な措置を規定することができる。

③ 　検察官、検察事務官又は司法警察職員（司法警察員及び司法巡査をいう。以下同じ。）は、捜査のため必要があるときは、公訴の提起前に限り、第1項の接見又は授受に関し、その日時、場所及び時間を指定することができる。但し、その指定は、被疑者が防禦の準備をする権利を不当に制限するようなものであつてはならない。

（勾留と接見交通）

第80条　勾留されている被告人は、第39条第1項に規定する者以外の者と、法令の範囲内で、接見し、又は書類若しくは物の授受をすることができる。勾引状により刑事施設に留置されている被告人も、同様である。

（接見交通権の制限）

第81条　裁判所は、逃亡し又は罪証を隠滅すると疑うに足りる相当な理由があるときは、検察官の請求により又は職権で、勾留されている被告人と第39条第1項に規定する者以外の者との接見を禁じ、又はこれと授受すべき書類その他の物を検閲し、その授受を禁じ、若しくはこれを差し押えることができる。但し、糧食の授受を禁じ、又はこれを差し押えることはできない。

（被疑者の勾留）

第207条　前3条の規定による勾留の請求を受けた裁判官は、その処分に関し裁判所又は裁判長と同一の権限を有する。但し、保釈については、この限りでない。

②～⑤　（略）

次は、接見交通に関する記述であるが、誤りはどれか。

〔1〕　被疑者とその弁護人等は、立会人なしに接見できるほか、立会人なしに書類又は物の授受を行うこともできる。

〔2〕　勾留されている被疑者について接見等禁止決定がなされた場合であっても、弁護人等は、被疑者と接見交通を行うことができる。

〔3〕　勾留されている被疑者を実況見分に立ち会わせるため、署から連れ出そうとした時点で弁護人が接見を申し入れてきた場合には、接見指定の要件を満たすから、弁護人に対し、接見の日時を指定することができ、その時点における接見を認める必要はない。

〔4〕　接見指定は、公訴の提起前にしか行えないが、同一人につき被告事件の勾留とその余罪である被疑事件の逮捕・勾留とが競合している場合であって、その余罪の捜査のため必要があるときは、接見指定をすることができる。

〔5〕　接見指定により指定をすることができるのは、接見又は書類若しくは物の授受の日時、場所及び時間のみである。

〔解答〕〔1〕

STEP 1

　接見交通権とは、身体を拘束されている被告人・被疑者が、①立会人なくして弁護人及び弁護人になろうとする者（弁護人等）と接見し、②書類・その他の物の授受をする権利のことである。

　接見指定とは、被疑者について、捜査のため必要があるときに、被疑者の防御の準備を不当に制限しない範囲で被疑者と弁護人等の接見の日時・場所を指定することである。

　接見等禁止とは、勾留されている被告人・被疑者に対して、弁護人等以外の者との接見等を禁止することである。

STEP 2

　接見交通権（39条1項）は、身体の拘束を受けている被告

人・被疑者が弁護人などと相談し、助言などの援助を受ける機会を保障するためにある。

　接見交通権が重要な権利である一方で、捜査の遂行も重要である。そこで、接見交通権と捜査との調整を図るために、接見指定が認められている（39条3項）。

　具体的には、間近い間に被疑者を取り調べたり、実況見分や検証等に立ち会わせたりするなどの予定があるときは、接見指定ができる。

　もっとも、逮捕後の初回の接見は被疑者の防御の準備にとって特に重要であるため、比較的短時間であっても、時間を指定して、即時又は近接した時点での接見を認めるべきとされている。

	弁護人等との接見交通権	弁護人等以外の者との接見交通権
対象	身体を拘束されている※被告人・被疑者	勾留・勾引されている被告人・被疑者
内容	①立会人なしの弁護人等との接見 ②立会人ありの書類等の授受	①法令の範囲内での接見 ②法令の範囲内での書類等の授受
制限の内容	接見の日時・場所の指定	①接見禁止 ②授受すべき書類その他の物の検閲 ③授受の禁止、差押え ※糧食の授受禁止・差押えは不可
制限の要件	①捜査のため必要 ②公訴の提起前	逃亡・罪証を隠滅すると疑うに足りる相当な理由

身体を拘束されている
逮捕・勾留に限らず、刑事手続によって身体の拘束を受ける場合すべてをいう。

ここに **Focus**

接見交通権

❶ 身体を拘束されている被告人・被疑者は立会人なしで弁護人等と接見することができ、立会人がいるところで、書類・その他の物の授受をすることができる。

❷ 勾留されている被疑者・被告人は、弁護人になろうとする者以外の者と接見し、書類若しくは物の授受をすることができる。

接見指定

❸ 被疑者について、「捜査のため必要があるとき」は、被疑者の防御の準備を不当に制限しない範囲で被疑者と弁護人の接見の日時・場所を指定することができる。

❹ 「捜査のため必要があるとき」とは、接見等を認めると取調べの中断等により捜査に顕著な支障が生ずる場合に限られる。【判例A】

❺ 「捜査のため必要があるとき」には、弁護人の必要とする接見を認めると予定していた取調べ等が予定どおり開始できなくなるおそれがある場合が含まれる。【判例B】

❻ 逮捕直後の被疑者と弁護人との初回の接見は速やかに行うことが被疑者の防御の準備のために特に重要であるから、原則として、たとえ比較的短時間であっても、時間を指定した上で即時又は近接した時点での接見を認めるようにしなければならない。【判例C】

❼ 同一人につき被告事件の勾留とその余罪である被疑事件の逮捕・勾留とが競合している場合には、被告事件について防御権の不当な制限にならなければ、接見指定をすることができる。【判例D】

接見等禁止

❽ 裁判所・裁判官は、逃亡・罪証隠滅すると疑うに足りる相当な理由があるときは、勾留されている「被告人・被疑者」と「弁護人・弁護人になろうとする者以外の者」との接見を禁ずることができる。

❾ 弁護人等との接見等を禁止することはできない。

❿ 裁判所・裁判官は、逃亡・罪証隠滅すると疑うに足りる相当な理由があるときは、被告人・被疑者が授受すべき書類その他の物を検閲し、その授受を禁じ、差し押さえることができる。ただし、糧食の授受を禁じたり、差し押さえることはできない。

判例 A

Q　「捜査のため必要があるとき」とはどのような場合か？

A　捜査に顕著な支障が生ずる場合。

> **最大判平11.3.24**
> 「捜査のため必要があるとき」とは、接見を認めると取調べの中断等により捜査に顕著な支障が生ずる場合に限られる。接見指定の要件が満たされて日時等の指定をする場合には、捜査機関は、弁護人と協議してできる限り速やかな接見のための日時等を指定し、被疑者が弁護人等と防御の準備をすることができるような措置をとらなければならない。

判例 B

Q　間近い間に被疑者を取り調べたり、実況見分や検証等に立ち会わせたりするなどの予定があるときも「捜査のため必要があるとき」に含まれるか？

A　含まれる。

> **最判平3.5.10**
> 「捜査のため必要があるとき」には、捜査機関が弁護人から被疑者との接見の申出を受けた時に、間近い時に被疑者を取り調べたり、実況見分、検証等に立ち会わせたりするなどの確実な予定があって、弁護人の必要とする接見を認めたのでは右取調べ等が予定どおり開始できなくなるおそれがある場合が含まれる。

判例
C

🅠 被疑者と弁護人になろうとする者の初回の接見をどのように扱うべきか？

🅐 短時間でも時間を指定した上で、接見を認められるようにすべきである。

最判平12.6.13
　弁護人となろうとする者と被疑者との<u>逮捕直後の初回の接見</u>は、身体を拘束された被疑者にとっては、弁護人の選任を目的とし、かつ、今後捜査機関の取調べを受けるにあたっての助言を得るための最初の機会であって、憲法上の保障の出発点を成すものであるから、速やかに行うことが<u>被疑者の防御の準備のために特に重要</u>である。したがって、接見指定の要件が満たされた場合でも、弁護人となろうとする者と協議して、接見の時間を指定すれば<u>捜査に顕著な支障が生じるのを避けることが可能かどうかを検討し</u>、これが可能なときは、特段の事情のない限り、<u>たとい比較的短時間であっても、時間を指定した上</u>で即時又は近接した時点での接見を認めるようにすべきである。

判例
D

🅠 収賄事件について勾留・起訴され、別件の収賄事件について追起訴され、さらにその後余罪である別件の収賄事件につき逮捕・勾留されている者について、接見指定ができるか？

🅐 防御権の不当な制限にわたらない限りできる。

最決昭55.4.28
　<u>同一人につき被告事件の勾留とその余罪である被疑事件の逮捕、勾留とが競合している場合</u>には、検察官等は、被告事件について<u>防御権の不当な制限にわたらない限り</u>、接見等の指定をすることができる。

○×問題で復習

Q

〔1〕　身体を拘束されている被告人は立会人なくして弁護人と接見することができるが、身体を拘束されている被疑者は同権利を有しない。

〔2〕　勾留されている被告人・被疑者は、弁護人・弁護人になろうとする者以外の者と、法令の範囲内で接見し、書類若しくは物の授受をすることができる。

〔3〕　被告人について、捜査のため必要があるときには、どんなときでも弁護人との接見の日時・場所を指定することができる。

〔4〕　「捜査のため必要があるとき」とは、現に被疑者を取調べ中であるときを指す。

〔5〕　逮捕直後の被疑者と弁護人との初回の接見は特に重要ではあるが、短時間の接見は意味がないから、時間を指定した上で即時又は近接した時点での接見を認める必要はない。

〔6〕　同一人につき被告事件の勾留とその余罪である被疑事件の逮捕・勾留とが競合している場合には、被告事件について防御権の不当な制限になるため、接見指定をすることができない。

〔7〕　裁判官は、逃亡・罪証隠滅すると疑うに足りる相当な理由があるときは、勾留されている被疑者と弁護人又は弁護人になろうとする者との接見を禁ずることができる。

〔8〕　裁判所又は裁判官は、勾留されている被告人又は被疑者が逃亡・罪証隠滅すると疑うに足りる相当な理由があるときは、糧食の授受を禁ずることができる。

解答解説

× 〔1〕 身体を拘束されている被告人は立会人なくして弁護人と接見することができる

が、身体を拘束されている被疑者は同権利を有しない。
　　　　身体が拘束されている被疑者も同権利を有する

○ 〔2〕 勾留されている被告人・被疑者は、弁護人・弁護人になろうとする者以外の者

と、法令の範囲内で接見し、書類若しくは物の授受をすることができる。

× 〔3〕 被告人について、捜査のため必要があるときには、どんなときでも弁護人との
　　　被疑者についてのみ指定できる　　　　　　　　　　　被疑者の防御の準備を不当に
　　　接見の日時・場所を指定することができる。　　　　　制限しない範囲でできる

× 〔4〕 「捜査のため必要があるとき」とは、現に被疑者を取調べ中であるときを指す。
　　　接見等を認めると取調べの中断等により捜査に顕著な支障が生ずるときを指し、間近
　　　い時に取調べ等の予定がある場合も含まれる

× 〔5〕 逮捕直後の被疑者と弁護人との初回の接見は特に重要ではあるが、短時間の接
　　　　　　　　　　　　　　　　たとえ短時間でも初回の接見は被疑者の防御の準備のため
見は意味がないから、時間を指定した上で即時又は近接した時点での接見を認
には重要　　　　　　　　時間を指定した上で即時又は近接した時点での接見を認めな
める必要はない。
ければならない

× 〔6〕 同一人につき被告事件の勾留とその余罪である被疑事件の逮捕・勾留とが競合

している場合には、被告事件について防御権の不当な制限になるため、接見指定
　　　　　　　　　　被告事件について防御権の不当な制限にならなければ、接見指定
をすることができない。
をすることができる

○〔7〕　裁判官は、逃亡・罪証隠滅すると疑うに足りる相当な理由があるときは、勾留されている被疑者と弁護人又は弁護人になろうとする者以外の者との接見を禁ずることができる。

✕〔8〕　裁判所又は裁判官は、勾留されている被告人又は被疑者が逃亡・罪証隠滅すると疑うに足りる相当な理由があるときは、<u>糧食の授受を禁ずることができる</u>。

逃亡・証拠隠滅すると疑うに足りる相当な理由があるときにも、糧食の授受を禁じたり差し押さえることはできない

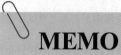

MEMO

Part ⑥

勾 留

勾　留

27分

被疑者の勾留の場合

関係条文

---------- **日本国憲法** ----------

（抑留及び拘禁に対する保障）

第34条　何人も、理由を直ちに告げられ、且つ、直ちに弁護人に依頼する権利を与へられなければ、抑留又は拘禁されない。又、何人も、正当な理由がなければ、拘禁されず、要求があれば、その理由は、直ちに本人及びその弁護人の出席する公開の法廷で示されなければならない。

---------- **刑事訴訟法** ----------

（勾留の理由、期間・期間の更新）

第60条　裁判所は、被告人が罪を犯したことを疑うに足りる相当な理由がある場合で、左の各号の一にあたるときは、これを勾留することができる。

一　被告人が定まつた住居を有しないとき。

二　被告人が罪証を隠滅すると疑うに足りる相当な理由があるとき。

三　被告人が逃亡し又は逃亡すると疑うに足りる相当な理由があるとき。

②・③　（略）

（検察官の手続、勾留請求の時間の制限）

第204条　検察官は、逮捕状により被疑者を逮捕したとき、又は逮捕状により逮捕された被疑者（前条の規定により送致された被疑者を除く。）を受け取つたときは、直ちに犯罪事実の要旨及び弁護人を選任することができる旨を告げた上、弁解の機会を与え、留置の必要がないと思料するときは直ちにこれを釈放し、留置の必要があると思料するときは被疑者が身体を拘束された時から48時間以内に裁判官に被疑者の勾留を請求しなければならない。但し、その時間の制限内に公訴を提起したときは、勾留の請求をすることを要しない。

②〜⑤　（略）

（司法警察員から送致を受けた検察官の手続・勾留請求の時間の制限）

第205条　検察官は、第203条の規定により送致された被疑者を受け取つたときは、弁解の機会を与え、留置の必要がないと思料するときは直ちにこれを釈放し、留置の必要があると思料するときは被疑者を受け取つた時から24時間以内に裁判官に被疑者の勾留を請求しなければならない。

②〜④　（略）

（被疑者の勾留）

第207条　前3条の規定による勾留の請求を受けた裁判官は、その処分に関し裁判所又は裁判長と同一の権限を有する。但し、保釈については、この限りでない。

②〜④　（略）

⑤　裁判官は、第1項の勾留の請求を受けたときは、速やかに勾留状を発しなければならない。ただし、勾留の理由がないと認めるとき、及び前条第2項の規定により勾留状を発することができないときは、勾留状を発しないで、直ちに被疑者の釈放を命じなければならない。

（起訴前の勾留期間・期間の延長）

第208条　前条の規定により被疑者を勾留した事件につき、勾留の請求をした日から10日以内に公訴を提起しないときは、検察官は、直ちに被疑者を釈放しなければならない。

②　裁判官は、やむを得ない事由があると認めるときは、検察官の請求により、前項の期間を延長することができる。この期間の延長は、通じて10日を超えることができない。

（勾留期間の再延長）

第208条の2　裁判官は、刑法第2編第2章乃至第4章又は第8章の罪にあたる事件については、検察官の請求により、前条第2項の規定により延長された期間を更に延長することができる。この期間の延長は、通じて5日を超えることができない。

（令状）

第62条　被告人の召喚、勾引又は勾留は、召喚状、勾引状又は勾留状を発してこれをしなければならない。

（勾引状・勾留状の方式）

第64条　勾引状又は勾留状には、被告人の氏名及び住居、罪名、公訴事実の要旨、引致すべき場所又は勾留すべき刑事施設、有効期間及びその期間経過後は執行に着手することができず令状はこれを返還しなければならない旨並びに発付の年月日その他裁判所の規則で定める事項を記載し、裁判長又は受命裁判官が、これに記名押印しなければならない。

②・③　（略）

（勾引状・勾留状の執行）

第70条　勾引状又は勾留状は、検察官の指揮によつて、検察事務官又は司法警察職員がこれを執行する。但し、急速を要する場合には、裁判長、受命裁判官又は地方裁判所、家庭裁判所若しくは簡易裁判所の裁判官は、その執行を指揮することができる。

②　（略）

（勾引状・勾留状の執行手続）

第73条　（略）

②　勾留状を執行するには、これを被告人に示した上、できる限り速やかに、かつ、直接、指定された刑事施設に引致しなければならない。

PART 6

勾

留

③　勾引状又は勾留状を所持しないためこれを示すことができない場合において、急速を要するときは、前2項の規定にかかわらず、被告人に対し公訴事実の要旨及び令状が発せられている旨を告げて、その執行をすることができる。但し、令状は、できる限り速やかにこれを示さなければならない。

（勾留理由の開示請求）

第82条　勾留されている被告人は、裁判所に勾留の理由の開示を請求することができる。

②・③　（略）

（勾留の理由の開示）

第83条　勾留の理由の開示は、公開の法廷でこれをしなければならない。

②・③　（略）

（勾留の取消し）

第87条　勾留の理由又は勾留の必要がなくなつたときは、裁判所は、検察官、勾留されている被告人若しくはその弁護人、法定代理人、保佐人、配偶者、直系の親族若しくは兄弟姉妹の請求により、又は職権で、決定を以て勾留を取り消さなければならない。

②　（略）

（準抗告）

第429条　裁判官が左の裁判をした場合において、不服がある者は、簡易裁判所の裁判官がした裁判に対しては管轄地方裁判所に、その他の裁判官がした裁判に対してはその裁判官所属の裁判所にその裁判の取消又は変更を請求することができる。

　　一　（略）

　　二　勾留、保釈、押収又は押収物の還付に関する裁判

　　三〜五　（略）

②〜⑤　（略）

次は、被疑者の勾留に関する記述であるが、誤りはどれか。

〔1〕 被疑者について勾留請求の翌日に勾留の裁判が行われ、勾留状が執行された場合、勾留期間は、勾留状が執行された日から10日間である。

〔2〕 被疑者が定まった住居を有しない場合には、被疑者の逃亡のおそれや罪証隠滅のおそれがなくとも、被疑者を勾留することができる。

〔3〕 被疑者の勾留は、裁判官が被疑者に対して被疑事実を告げ、これに関する陳述を聞いた上で行うが、この勾留質問は、非公開で行われる。

〔4〕 被疑者の勾留は、原則として、逮捕された事件に限って行うことができるが、例外的に、甲の事実で被疑者を逮捕した場合に、逮捕されていない余罪である乙の事実を付加し、甲乙両事実で勾留請求することは許される。

〔5〕 勾留された被疑者は、裁判所に対して、勾留理由の開示や準抗告、勾留の取消しを請求することができるが、保釈を請求することはできない。

〔解答〕〔1〕

PART 6
勾
留

STEP **1**

　被疑者の勾留とは、将来の公判への出頭の確保・罪証隠滅の防止を目的として、被疑者の身体を拘束することである。勾留では逮捕よりも長い身体の拘束が許されているが、その期間は制限されている。

STEP **2**

　被疑者の勾留の要件は、
①罪を犯したことを疑うに足りる相当な理由（勾留の理由）があること
②次のⅰ～ⅲのいずれかにあたること（勾留の理由）
　ⅰ　定まった住居を有しない
　ⅱ　罪証隠滅すると疑うに足りる相当な理由がある
　ⅲ　逃亡し又は逃亡すると疑うに足りる相当な理由がある
③勾留の必要性があること

被疑者
犯罪の疑いを受けて捜査中の人。起訴前。
被告人
容疑者、被疑者の中でも刑事事件として起訴された人。起訴後。

165

の３つであるが（60条１項、207条１項）、勾留の要件をみた
している場合であっても、これに先立つ逮捕手続に違法があ
るときには、勾留請求は認められない。

　勾留も逮捕と同じく身体を拘束するという重大な制約を伴
う強制処分であるため、検察官が勾留請求を行い（204条１項、
205条１項）、裁判官が勾留の必要性を判断する（207条５項）。
裁判官が審査することによって、被疑者の人権保障が図られ
ることになる。

　また、勾留は逮捕よりも長期間に及ぶため、勾留状を発す
るにはその嫌疑の程度が逮捕の場合よりも高くなければなら
ない。

　さらに、勾留された被疑者に対しては対抗手段を与える必
要がある。そこで、勾留された被疑者には、①勾留理由の開
示、②準抗告、③勾留の取消しを求める権利が認められてい
る。

逮捕・勾留から公訴
までの期間について、
Part 5「逮捕後の手
続」Chapter1 STEP 2
参照。

準抗告
裁判や、検察官・司
法警察職員などがな
した処分についての
不服申立て。

令状の要否	必　要
勾留の要件	①罪を犯したことを疑うに足りる相当な理由 　（勾留の理由） ② i 〜 iii のいずれか（勾留の理由） 　 i　定まった住居を有しない 　 ii　罪証隠滅すると疑うに足りる相当な理由 　 iii　逃亡し又は逃亡すると疑うに足りる相 　　当な理由 ③勾留の必要性
勾留状の請求権者	検察官
勾留状の執行権者	検察官の指揮で、検察事務官又は司法警察職員が執行
勾留の期間	①勾留の請求の日から10日 ②やむを得ない事由があるときは、最大10日 　間の延長 ③一定の罪については最大5日間の再延長
勾留状の執行	①呈示が必要 ②緊急執行も可能
被疑者の権利	①勾留理由の開示請求 ②準抗告 ③勾留の取消請求

PART 6　勾　留

ここに Focus

被疑者の勾留の要件

❶ 被疑者の勾留の要件は、ⅰ.罪を犯したことを疑うに足りる相当な理由があること、ⅱ.被疑者が定まった住居を有しないか、罪証隠滅すると疑うに足りる相当な理由があるか、逃亡し又は逃亡すると疑うに足りる相当な理由があること、ⅲ.勾留の必要性があること、の3つである。

勾留状の執行

❷ 勾留状は、検察官の指揮によって、検察事務官又は司法警察職員が執行する。

❸ 勾留状を執行するには、被疑者に勾留状を示した上、できる限り速やかに、かつ、直接指定された刑事施設に引致しなければならない。

❹ 勾留質問は、裁判官と被疑者のみの非公開であり、第三者は立会いができない。

❺ 勾留状を所持しないため示すことができない場合で、急速を要するときは、被疑者に対し公訴事実の要旨・令状が発せられている旨を告げて、執行をすることができる（勾留状の緊急執行）。

❻ 勾留状の緊急執行をした場合でも、令状はできる限り速やかに示さなければならない。

被疑者の勾留の期間

❼ 被疑者の勾留が可能な期間は、勾留の請求をした日から10日間である。

❽ やむを得ない事由があるときは、最大10日間、勾留期間の延長をすることができる。

❾ 一定の罪（内乱罪等の重大事件）については、最大5日間、勾留期間の再延長をすることができる。

被疑者の勾留の請求権者

❿ 被告人の勾留は裁判所が職権で行うが、被疑者の勾留は検察官が請求する。

勾留された被疑者の請求権

⓫ 勾留されている被疑者は、裁判官に対して勾留の理由の開示を請求することができる。

⑫　勾留の理由の開示は、公開の法廷で行わなければならない。

⑬　勾留されている被疑者は、裁判官に対して準抗告をすることができる。

⑭　勾留されている被疑者は、裁判官に対して勾留の取消しを請求することができる。

⑮　勾留されている被疑者は、裁判官に対して保釈の請求をすることはできない。

○×問題で復習

Q　〔1〕　被疑者の勾留は、罪を犯したことを疑うに足りる相当な理由があることに加えて、被疑者が定まった住居を有せず、かつ、罪証隠滅すると疑うに足りる相当な理由及び逃亡し又は逃亡すると疑うに足りる相当な理由があり、勾留の必要性がある場合に認められる。

〔2〕　勾留状は、司法警察職員の指揮によって、検察官又は検察事務官が執行する。

〔3〕　勾留状を執行するために、指定外の刑事施設に引致してもよい。

〔4〕　刑事訴訟法上、逮捕状及び勾留状について緊急執行が認められている。

〔5〕　被疑者の勾留期間は、勾留の請求をした日から10日間である。

〔6〕　刑法上の全ての罪について、最大5日間、勾留期間の再延長をすることができる。

〔7〕　被告人の勾留及び被疑者の勾留ともに、検察官がこれを請求する。

〔8〕　勾留されている被疑者は、裁判官に対して勾留の理由の開示、勾留の取消し、準抗告、保釈の請求をすることができる。

〔9〕　勾留の理由の開示は、公開の法廷で行わなければならない。

解答解説

× 〔1〕 被疑者の勾留は、罪を犯したことを疑うに足りる相当な理由があることに加え

て、被疑者が定まった住居を有せず、かつ、罪証隠滅すると疑うに足りる相当な
　　　下線部の要件のいずれかにあたればよい
理由及び逃亡し又は逃亡すると疑うに足りる相当な理由があり、勾留の必要性

がある場合に認められる。

× 〔2〕 勾留状は、司法警察職員の指揮によって、検察官又は検察事務官が執行する。
　　　　　　検察官　　　　　　　　　　　　　検察事務官又は司法警察職員

× 〔3〕 勾留状を執行するために、指定外の刑事施設に引致してもよい。
　　　　　　　　　　　　　　直接指定された刑事施設に引致しなければならない

○ 〔4〕 刑事訴訟法上、逮捕状及び勾留状について緊急執行が認められている。

○ 〔5〕 被疑者の勾留期間は、勾留の請求をした日から10日間である。

× 〔6〕 刑法上の全ての罪について、最大5日間、勾留期間の再延長をすることができ
　　　内乱罪等の重大事件についてのみ
る。

× 〔7〕 被告人の勾留及び被疑者の勾留ともに、検察官がこれを請求する。
　　　　被告人の勾留は裁判所が職権で行う

× 〔8〕 勾留されている被疑者は、裁判官に対して勾留の理由の開示、勾留の取消し、

準抗告、保釈の請求をすることができる。
　　　　保釈の請求についてはすることができない

○ 〔9〕 勾留の理由の開示は、公開の法廷で行わなければならない。

2 逮捕前置主義 🕐17分

関係条文

·········· **刑事訴訟法** ··········

（検察官の手続、勾留請求の時間の制限）

第204条 検察官は、逮捕状により被疑者を逮捕したとき、又は逮捕状により逮捕された被疑者（前条の規定により送致された被疑者を除く。）を受け取つたときは、直ちに犯罪事実の要旨及び弁護人を選任することができる旨を告げた上、弁解の機会を与え、留置の必要がないと思料するときは直ちにこれを釈放し、留置の必要があると思料するときは被疑者が身体を拘束された時から48時間以内に裁判官に被疑者の勾留を請求しなければならない。但し、その時間の制限内に公訴を提起したときは、勾留の請求をすることを要しない。

②〜⑤　（略）

（司法警察員から送致を受けた検察官の手続・勾留請求の時間の制限）

第205条 検察官は、第203条の規定により送致された被疑者を受け取つたときは、弁解の機会を与え、留置の必要がないと思料するときは直ちにこれを釈放し、留置の必要があると思料するときは被疑者を受け取つた時から24時間以内に裁判官に被疑者の勾留を請求しなければならない。

②〜④　（略）

（制限時間の不遵守と免責）

第206条 検察官又は司法警察員がやむを得ない事情によつて前3条の時間の制限に従うことができなかつたときは、検察官は、裁判官にその事由を疎明して、被疑者の勾留を請求することができる。

②　（略）

（被疑者の勾留）

第207条 前3条の規定による勾留の請求を受けた裁判官は、その処分に関し裁判所又は裁判長と同一の権限を有する。但し、保釈については、この限りでない。

②〜⑤　（略）

こんな問題が出る！

次は、被疑者の勾留に関する記述であるが、誤りはどれか。 3分

〔1〕 勾留請求は、逮捕被疑事実と同一の事実及び罪名に基づいて行わなければ
ならず、たとえ被疑事実の同一性があろうとも、逮捕時の罪名と異なる罪名
で勾留請求することはできない。

〔2〕 被疑者の勾留は逮捕されている被疑者に限って許され、身柄不拘束の被疑
者について逮捕することなしに勾留請求をすることは許されない。また、勾
留請求をなし得るのは検察官のみである。

〔3〕 甲事実で逮捕した後に、甲事実とは全く無関係な乙事実が発覚した場合に
は、例外的に、乙事実につき逮捕しなくても、甲・乙両事実につき、同時に
勾留請求をすることができる。

〔4〕 勾留の要件をみたしていたとしても、それに先立つ逮捕手続に違法がある
場合には勾留請求は認められない。

〔5〕 逮捕及び勾留の効力は、令状に記載された被疑事実についてのみ及ぶ。

〔解答〕〔1〕

STEP **1** 1分

　逮捕前置主義とは、被疑者の勾留を請求するには、同一事
実についての逮捕がされていなければならないとする原則の
ことである。短期間の身体の拘束である逮捕を勾留の前に置
くことで、被疑者の人権を保障している。

STEP **2** 2分

　逮捕と勾留の関係には、勾留の前に逮捕をしておかなけれ
ばならないとする逮捕前置主義というルールがある。短時間
の身体拘束である逮捕を勾留に先行させることで、被疑者の
人権を保障している（207条、204〜206条）。

　ここで、仮に、違法な逮捕に続いて勾留がされた場合には、
その勾留も違法となるか？という問題が生じる。つまり、勾
留が逮捕の違法をそのまま引き継ぐか、ということである。

この点、判例は、逮捕の違法性が重大なものであれば、勾留
も違法となるとしている。したがって、逮捕に違法があって
もその違法性が軽いものであれば、その後の勾留は適法と判
断されることがある。

ここに **Focus**

逮捕前置主義

❶　被疑者の勾留を請求するには、それより先に同一事実について逮捕がされていなければならない。同一事実とは、令状に記載された被疑事実が同一であることを指す。

❷　甲事実で逮捕後、甲・乙両事実につき勾留請求をすることは、被疑者にとっては乙罪についての逮捕が省略されるという利益があるため、許される。

❸　甲事実の逮捕手続に違法性がある場合には、その後甲事実について勾留請求がなされても、適法な逮捕を経ていない以上勾留請求は認められない。

❹　違法な逮捕に続く勾留は、逮捕の違法性が重大な場合に違法となる。【判例A】

PART 6　勾留

判例
A

Q 違法な逮捕に続く勾留は違法か？

A 逮捕の違法性の程度によっては、勾留が適法になることもある。

　任意同行がその場所、方法、態様、時刻、同行後の状況等から実質的な逮捕行為にあたるため、その後の勾留も違法になるのではないかが争われた事例。

東京高判昭54.8.14

　逮捕と同一視できる程度の強制力を加えられ、令状なく、<u>違法な実質的逮捕があったとしても</u>、実質的逮捕の時点において緊急逮捕の理由と必要性があり、他方、実質的逮捕の約3時間後には逮捕令状による通常逮捕の手続がとられ、また、実質的逮捕の時から48時間以内に検察官への送致手続がとられており、勾留請求の時期についても違法がないことを合わせ考えると、<u>実質的逮捕の違法性の程度</u>はその後になされた勾留を違法にするほど<u>重大なものではない</u>。

　任意同行で被疑者を取調室へ連れて行き、午前7時から午後10時まで取調べをした後に逮捕状を請求し、翌午前0時に逮捕状を執行して、午後7時に勾留請求をした事例。

富山地決昭54.7.26

　本件においては逮捕状執行から勾留請求までの手続は速やかになされており実質逮捕の時点から計算しても制限時間不遵守の問題は生じないけれども、<u>約5時間にも及ぶ逮捕状によらない逮捕という令状主義違反の違法</u>は、それ自体重大な瑕疵であって、制限時間遵守によりその違法性が治ゆされるものとは解されない。なぜなら、このようなことが容認されるとするならば、捜査側が令状なくして終日被疑者を事実上拘束状態におき、その罪証隠滅工作を防止しつつ、いわばフリーハンドで捜査を続行することが可能となり、令状主義の基本を害する結果となるからである。以上の事実によれば、<u>本件逮捕は違法であってその程度も重大であるから、これに基づく本件勾留請求も却下を免れないものというべきである</u>。

○×問題で復習

Q　〔1〕　被疑者の勾留を請求するには、それより先に同一事実について逮捕がされていなければならないから、A事実で逮捕後、A・B両事実につき勾留請求をすることは許されない。

〔2〕　同一事実とは、令状に記載された被疑事実が同一であることを指す。

〔3〕　A事実の逮捕手続に違法があっても、逮捕手続を踏んでいる以上、その後のA事実についての勾留請求は常に許される。

解答解説

×〔1〕 被疑者の勾留を請求するには、それより先に同一事実について逮捕がされてい

なければならないから、A事実で逮捕後、A・B両事実につき勾留請求をするこ

被疑者にとって、Bについての逮捕が省

とは許されない。

略されるという利益があるため許される

○〔2〕 同一事実とは、令状に記載された被疑事実が同一であることを指す。

×〔3〕 A事実の逮捕手続に違法があっても、逮捕手続を踏んでいる以上、その後のA

事実についての勾留請求は常に許される。

逮捕手続の違法性が重大な場合には、勾留請求は許されない

Part **7**

検証・実況見分・
身体検査

1 検　　証 24分

関係条文

·········· **刑事訴訟法** ··········

（検証と必要な処分）

第129条　検証については、身体の検査、死体の解剖、墳墓の発掘、物の破壊その他必要な処分をすることができる。

（身体の検査に関する注意）

第131条　身体の検査については、これを受ける者の性別、健康状態その他の事情を考慮した上、特にその方法に注意し、その者の名誉を害しないように注意しなければならない。

②　女子の身体を検査する場合には、医師又は成年の女子をこれに立ち会わせなければならない。

（身体検査拒否と過料等）

第137条　被告人又は被告人以外の者が正当な理由がなく身体の検査を拒んだときは、決定で、10万円以下の過料に処し、かつ、その拒絶により生じた費用の賠償を命ずることができる。

②　（略）

（身体検査の拒否と刑罰）

第138条　正当な理由がなく身体の検査を拒んだ者は、10万円以下の罰金又は拘留に処する。

②　前項の罪を犯した者には、情状により、罰金及び拘留を併科することができる。

（身体検査の直接強制）

第139条　裁判所は、身体の検査を拒む者を過料に処し、又はこれに刑を科しても、その効果がないと認めるときは、そのまま、身体の検査を行うことができる。

（令状による差押え・記録命令付差押え・捜索・検証）

第218条　検察官、検察事務官又は司法警察職員は、犯罪の捜査をするについて必要があるときは、裁判官の発する令状により、差押え、記録命令付差押え、捜索又は検証をすることができる。この場合において、身体の検査は、身体検査令状によらなければならない。

②　（略）

③　身体の拘束を受けている被疑者の指紋若しくは足型を採取し、身長若しくは体重を測定し、又は写真を撮影するには、被疑者を裸にしない限り、第1項の令状によるこ

とを要しない。
④　第1項の令状は、検察官、検察事務官又は司法警察員の請求により、これを発する。
⑤・⑥　（略）

（差押え等の令状の方式）
第219条　前条の令状には、被疑者若しくは被告人の氏名、罪名、差し押さえるべき物、記録させ若しくは印刷させるべき電磁的記録及びこれを記録させ若しくは印刷させるべき者、捜索すべき場所、身体若しくは物、検証すべき場所若しくは物又は検査すべき身体及び身体の検査に関する条件、有効期間及びその期間経過後は差押え、記録命令付差押え、捜索又は検証に着手することができず令状はこれを返還しなければならない旨並びに発付の年月日その他裁判所の規則で定める事項を記載し、裁判官が、これに記名押印しなければならない。
②・③　（略）

（令状によらない差押え・捜索・検証）
第220条　検察官、検察事務官又は司法警察職員は、第199条の規定により被疑者を逮捕する場合又は現行犯人を逮捕する場合において必要があるときは、左の処分をすることができる。第210条の規定により被疑者を逮捕する場合において必要があるときも、同様である。
　一　人の住居又は人の看守する邸宅、建造物若しくは船舶内に入り被疑者の捜索をすること。
　二　逮捕の現場で差押、捜索又は検証をすること。
②〜④　（略）

（押収・捜索・検証に関する準用規定等）
第222条　第99条第1項、第100条、第102条から第105条まで、第110条から第112条まで、第114条、第115条及び第118条から第124条までの規定は、検察官、検察事務官又は司法警察職員が第218条、第220条及び前条の規定によつてする押収又は捜索について、第110条、第111条の2、第112条、第114条、第118条、第129条、第131条及び第137条から第140条までの規定は、検察官、検察事務官又は司法警察職員が第218条又は第220条の規定によつてする検証についてこれを準用する。ただし、司法巡査は、第122条から第124条までに規定する処分をすることができない。
②・③　（略）
④　日出前、日没後には、令状に夜間でも検証をすることができる旨の記載がなければ、検察官、検察事務官又は司法警察職員は、第218条の規定によつてする検証のため、人の住居又は人の看守する邸宅、建造物若しくは船舶内に入ることができない。但し、第117条に規定する場所については、この限りでない。
⑤〜⑦　（略）

次は、検証、実況見分、身体検査に関する記述であるが、誤りはどれか。

〔1〕 検証と実況見分は、いずれも捜査官が五官の作用により物の性状等を認識する処分であり、相違点は、前者が強制処分であるのに対し、後者が任意処分であるという点のみである。

〔2〕 身体検査は、人の身体を対象とする検証であり、検証の一形態であるが、身体検査を行うのに必要な令状は、検証許可状ではなく、身体検査令状である。

〔3〕 検証については、身体検査のほか、死体の解剖などの必要な処分をすることができる。

〔4〕 逮捕されている被疑者の入れ墨を調べるため、被疑者を裸にするとしても、身体検査令状は必要としない。

〔5〕 司法巡査は検証許可状・身体検査令状の請求ができない。

〔解答〕 〔4〕

STEP **1**

　検証とは、五官の作用により、場所・物・人の形状を認識する強制処分である。例えば、犯行現場の状況や物の破壊状況などを感知し、それを調書に記録することで証拠化する。

　身体検査とは、検証のうち人の身体そのものが対象となるか、又は、検証の目的に必要な処分の作用が人の身体に及ぶ場合をいう（検証としての身体検査）。

　実況見分とは、検証と同様の処分を任意処分として行う場合である。例えば、犯罪や交通事故の犯人や被害者の位置関係などの状況を明らかにするために行われる。

STEP **2**

　検証のうち、身体検査については、様々な特別のルールがある。例えば、名誉を害しないように注意しなければならず（131条１項）、女子の身体検査には、医師か成年の女子の立会

いが必要である（131条2項）。

　これらのルールは、身体検査が身体に直接強制力を加える強制処分であるため、人権侵害のおそれが大きいことから設けられている。

　身体検査は強制処分であるため、他の検証と同じように令状が必要であり（218条1項）、ここでは、プライバシーの侵害を防止するために身体検査令状という令状が必要とされている。

　もっとも、既に身体を拘束されている被疑者を写真撮影などする場合には、新たに人権を侵害しないので、裸にしない限り令状は必要ない（218条3項）。

ここに **Focus**

検 証

① 検証は、五官の作用により、場所・物・人の形状を認識する強制処分である。

② 検証を行うためには、原則として検証許可状が必要である。

③ 逮捕に伴う検証は令状なしで行うことができる。

④ 検証においては、身体検査のほか、死体の解剖などの必要な処分をすることができる。

⑤ 検証許可状には、検証すべき場所・物について記載されていなければならない。

身体検査

⑥ 検証のうち、その対象又は作用が人の身体に及ぶものを身体検査という。

⑦ 身体検査を行うためには、身体検査令状が必要である。

⑧ 逮捕に伴う身体検査は令状なしで行うことができる。

⑨ 身体の拘束を受けている被疑者（すでに逮捕・勾留されている者）の指紋・足型の採取、身長・体重の測定、写真撮影は、被疑者を裸にしない限り、令状なしですることができる。

⑩ 身体検査令状には、検査すべき身体及び身体の検査に関する条件などが記載されていなければならない。

⑪ 身体検査を行う際には、検査を受ける者の性別・健康状態などを考慮し、特に方法に注意し、名誉を害しないように注意しなければならない。

⑫ 女子の身体検査をする場合は、医師又は成年の女子を立ち会わせなければならない。女性警察官による身体検査の場合は、立会いは必要ない。

⑬ 正当な理由がなく身体検査を拒んだ場合、10万円以下の過料、10万円以下の罰金又は拘留に処されることがある。

⑭ 身体検査を拒む者を過料に処し、又は刑を科しても効果がないときは、そのまま身体の検査を行うことができる。

実況見分

⑮　実況見分の性質は検証と同じであるが、任意処分であるから令状は不要である。

検証許可状・身体検査令状の請求

⑯　検察官、検察事務官又は司法警察員は検証許可状・身体検査令状を請求することができる。

○×問題で復習

Q 〔1〕　検証を行うためには検証許可状が必要であり、例外はない。

〔2〕　検証においては、身体の検査のほか、死体の解剖などの必要な処分をすることができる。

〔3〕　身体検査を行うためには、原則として身体検査令状が必要であるが、被疑者を逮捕する場合に逮捕の現場で身体検査を行う場合には令状は必要ない。

〔4〕　身体の拘束を受けている被疑者の指紋・足型の採取、身長・体重の測定、写真撮影は、被疑者を裸にする場合でも、令状なしにすることができる。

〔5〕　身体検査を行う際には、検査を受ける者の性別・健康状態などを考慮し、特に方法に注意し、名誉を害しないように注意しなければならない。

〔6〕　女子の身体検査をする場合は、医師又は成年の女子を立ち会わせなければならないから、女性警察官が女子の身体検査をする場合にも立会いが必要である。

〔7〕　正当な理由がなく身体検査を拒んだ場合には10万円以下の過料などの制裁が加えられるが、この制裁に効果がないと考えられるときは、そのまま身体の検査を行うことができる。

〔8〕　検証と実況見分の相違点は、検証が任意処分であるのに対して実況見分が強制処分である、という点のみである。

〔9〕　司法警察員・司法巡査ともに、検証許可状・身体検査令状の請求ができる。

解答解説

×〔1〕　検証を行うためには検証許可状が必要であり、例外はない。
　　　　　　　　　　　　逮捕に伴う検証は令状なしに行うことができる

○〔2〕　検証においては、身体の検査のほか、死体の解剖などの必要な処分をすることができる。

○〔3〕　身体検査を行うためには、原則として身体検査令状が必要であるが、被疑者を逮捕する場合に逮捕の現場で身体検査を行う場合には令状は必要ない。

×〔4〕　身体の拘束を受けている被疑者の指紋・足型の採取、身長・体重の測定、写真撮影は、被疑者を裸にする場合でも、令状なしにすることができる。
　　　　　　　　　　　裸にしない限り

○〔5〕　身体検査を行う際には、検査を受ける者の性別・健康状態などを考慮し、特に方法に注意し、名誉を害しないように注意しなければならない。

×〔6〕　女子の身体検査をする場合は、医師又は成年の女子を立ち会わせなければならないから、女性警察官が女子の身体検査をする場合にも立会いが必要である。
　　　　　　　女性警察官が女子の身体検査をする場合には、立会いは不要である

○〔7〕　正当な理由がなく身体検査を拒んだ場合には10万円以下の過料などの制裁が加えられるが、この制裁に効果がないと考えられるときは、そのまま身体の検査を行うことができる。

×〔8〕　検証と実況見分の相違点は、検証が任意処分であるのに対して実況見分が強制
　　　　　　　　　　　　　　　　検証が強制処分であるのに対して実況見分が任意処
　　処分である、という点のみである。
　　分である

×〔9〕　司法警察員・司法巡査ともに、検証許可状・身体検査令状の請求ができる。
　　　　　　　　　　　司法巡査は検証許可状・身体検査令状の請求ができない

Part 8

鑑定・鑑定留置処分

鑑　　定

関係条文

·········· **刑事訴訟法** ··········

（鑑定）
第165条　裁判所は、学識経験のある者に鑑定を命ずることができる。
（鑑定留置、留置状）
第167条　被告人の心神又は身体に関する鑑定をさせるについて必要があるときは、裁判所は、期間を定め、病院その他の相当な場所に被告人を留置することができる。
②　前項の留置は、鑑定留置状を発してこれをしなければならない。
③～⑥　（略）
（鑑定と必要な処分、許可状）
第168条　鑑定人は、鑑定について必要がある場合には、裁判所の許可を受けて、人の住居若しくは人の看守する邸宅、建造物若しくは船舶内に入り、身体を検査し、死体を解剖し、墳墓を発掘し、又は物を破壊することができる。
②　裁判所は、前項の許可をするには、被告人の氏名、罪名及び立ち入るべき場所、検査すべき身体、解剖すべき死体、発掘すべき墳墓又は破壊すべき物並びに鑑定人の氏名その他裁判所の規則で定める事項を記載した許可状を発して、これをしなければならない。
③～⑥　（略）
（第三者の任意出頭・取調べ・鑑定等の嘱託）
第223条　検察官、検察事務官又は司法警察職員は、犯罪の捜査をするについて必要があるときは、被疑者以外の者の出頭を求め、これを取り調べ、又はこれに鑑定、通訳若しくは翻訳を嘱託することができる。
②　（略）
（鑑定に必要な処分）
第225条　第223条第1項の規定による鑑定の嘱託を受けた者は、裁判官の許可を受けて、第168条第1項に規定する処分をすることができる。
②　前項の許可の請求は、検察官、検察事務官又は司法警察員からこれをしなければならない。
③・④　（略）

こんな問題が出る！

次は、鑑定に関する記述であるが、正しいものはどれか。

〔1〕 裁判所が鑑定処分許可状を発付しているとしても、裁判所は、当該鑑定の結果に一切拘束されることはない。

〔2〕 鑑定の嘱託を受けた者は、裁判官の許可を受けずに、身体検査・死体の解剖などをすることができる。

〔3〕 死体の解剖のため、A医師を鑑定受託者とする鑑定処分許可状の発付を受けた場合において、A医師が急逝したようなときは、新たな鑑定処分許可状の発付を受けることなく、A医師の部下であるB医師に解剖を実施させることができる。

〔4〕 鑑定嘱託は強制処分であるから、これを行うには令状が必要である。

〔5〕 鑑定処分許可状の請求は、検察官、検察事務官又は司法警察職員がしなければならない。

〔解答〕〔1〕

STEP 1

　鑑定とは、特別の知識経験を有する者が認識しうる法則又はその法則を具体的事実に適用して得た判断のことである。鑑定は裁判所の命令によるもの（鑑定人によるもの）と捜査機関からの嘱託によるもの（鑑定受託者によるもの）がある。それぞれ、精神鑑定、死因等の鑑定、血液型鑑定、筆跡鑑定などが行われる。

STEP 2

	鑑定嘱託	鑑定	鑑定留置
内　容	検察官、検察事務官、司法警察員が第三者に鑑定を嘱託	鑑定人、鑑定受託者が行う、精神鑑定等の処分	被告人・被疑者の心神又は身体の鑑定が必要な場合に、病院などの施設に留置する処分

令状の要否	不要 ※任意処分であるため	鑑定処分（身体検査、死体の解剖など）を行う場合は、必要 （鑑定処分許可状）	必要 （鑑定留置状）
令状の請求を行う者		検察官、検察事務官、司法警察員	

　司法警察職員は鑑定の嘱託をすることができる。これは、捜査機関の任意捜査の1つとして鑑定嘱託を認めることで、専門的な知識の不足を補充させることが目的である。この鑑定の嘱託は任意処分であるから、令状は必要ない（223条1項）。

　これに対して、鑑定の嘱託を受けた鑑定受託者が実際に鑑定をするにあたって、身体検査や死体の解剖などの鑑定処分をしようとするときには令状が必要である（225条1項）。鑑定処分を受ける者の人権を保障するために、裁判官がその必要性を判断することが求められている。

ここに **Focus**

5分

鑑 定

❶ 鑑定は、相手方が拒否した場合にはその意思に反してすること（直接強制）ができない。

❷ 鑑定のための身体検査を直接強制（強行）するには、身体検査令状に基づいて捜査機関がこれを行い、その場に鑑定受託者が立ち会って必要な処分を行う。

❸ 身体検査や死体の解剖などの鑑定処分を行うためには、鑑定処分許可状が必要である。

❹ 鑑定処分許可状の発付を受けた後、鑑定受託者が急逝した場合、別の者に鑑定を実施させようとするときは、新たな鑑定処分許可状の発付を受けることが必要である。

❺ 裁判所は、鑑定の結果に一切拘束されることはない。

鑑定嘱託

❻ 検察官、検察事務官又は司法警察職員は、犯罪の捜査をするために、第三者に鑑定を嘱託することができる。

❼ 鑑定嘱託は任意処分である。

❽ 鑑定受託者は証人尋問を受けることを予定しているため、自然人でなければならない。

令状の請求

❾ 鑑定処分許可状の請求は、検察官、検察事務官又は司法警察員がしなければならない。

PART 8 鑑定・鑑定留置処分

○×問題で復習

Q　〔1〕　捜査機関は犯罪の捜査をするために、第三者に鑑定を命じることができる。

　　〔2〕　鑑定嘱託は強制処分であるから、令状が必要である。

　　〔3〕　鑑定受託者が身体検査・死体の解剖などをするには、裁判官の許可を受けなければならない。

　　〔4〕　鑑定処分許可状の請求は、鑑定受託者がする。

　　〔5〕　鑑定は、相手方が拒否した場合にもその意思に反してすることができる。

　　〔6〕　裁判所は鑑定の結果に拘束されるから、鑑定の結果と異なる認定をすることはできない。

　　〔7〕　A医師を鑑定受託者とする鑑定処分許可状の発付を受けたが、A医師が急逝した場合、A医師の部下であるB医師に解剖を実施させようとするときは、新たな鑑定処分許可状の発付を受けなければならない。

　　〔8〕　鑑定受託者は自然人でなければならない。

解答解説

×〔1〕　捜査機関は犯罪の捜査をするために、第三者に鑑定を命じることができる。
嘱託する（お願いする）

×〔2〕　鑑定嘱託は強制処分であるから、令状が必要である。
任意処分　　　　　　　　　　　不要

○〔3〕　鑑定受託者が身体検査・死体の解剖などをするには、裁判官の許可を受けなければならない。

×〔4〕　鑑定処分許可状の請求は、鑑定受託者がする。
検察官、検察事務官又は司法警察員がしなければならない

×〔5〕　鑑定は、相手方が拒否した場合にもその意思に反してすることができる。
直接強制はできない

×〔6〕　裁判所は鑑定の結果に拘束されるから、鑑定の結果と異なる認定をすることはできない。
裁判所は、鑑定の結果に一切拘束されることはない

○〔7〕　A医師を鑑定受託者とする鑑定処分許可状の発付を受けたが、A医師が急逝した場合、A医師の部下であるB医師に解剖を実施させようとするときは、新たな鑑定処分許可状の発付を受けなければならない。

○〔8〕　鑑定受託者は自然人でなければならない。

Chapter 2　鑑定留置処分 （17分）

.... **刑事訴訟法** ....

（鑑定留置、留置状）

第167条　被告人の心神又は身体に関する鑑定をさせるについて必要があるときは、裁判所は、期間を定め、病院その他の相当な場所に被告人を留置することができる。

②　前項の留置は、鑑定留置状を発してこれをしなければならない。

③〜⑤　（略）

⑥　第1項の留置は、未決勾留日数の算入については、これを勾留とみなす。

（第三者の任意出頭・取調べ・鑑定等の嘱託）

第223条　検察官、検察事務官又は司法警察職員は、犯罪の捜査をするについて必要があるときは、被疑者以外の者の出頭を求め、これを取り調べ、又はこれに鑑定、通訳若しくは翻訳を嘱託することができる。

②　（略）

（鑑定の嘱託と鑑定留置の請求）

第224条　前条第1項の規定により鑑定を嘱託する場合において第167条第1項に規定する処分を必要とするときは、検察官、検察事務官又は司法警察員は、裁判官にその処分を請求しなければならない。

②　裁判官は、前項の請求を相当と認めるときは、第167条の場合に準じてその処分をしなければならない。この場合には、第167条の2の規定を準用する。

こんな問題が出る！

次は、鑑定留置に関する記述であるが、誤りはどれか。 ③分

〔1〕 鑑定留置は、被告人又は被疑者についてのみ行えるものであり、参考人について鑑定留置を行うことはできない。

〔2〕 鑑定留置は、刑事収容施設（留置施設等）において行うこととされており、例えば、病院において行うことはできない。

〔3〕 鑑定人が、被留置者の精神鑑定を行うにあたり、被留置者の身体検査を実施する場合には、別途、鑑定処分許可状の発付を得て行わなければならない。

〔4〕 鑑定留置は、期間を定めて行うこととされているが、期間の上限が特に定められているわけではない。

〔5〕 接見等禁止決定を受けた被勾留者が鑑定留置に付された場合、接見等禁止決定の効力は鑑定留置に引き継がれない。

〔解答〕 〔2〕

STEP 1　①分

　鑑定留置とは、被告人・被疑者の心神・身体について鑑定が必要な場合に、期間を定めて被告人・被疑者を病院などの施設に留置することをいう。

STEP 2　②分

　刑事事件において被告人・被疑者の刑事責任能力が問題となる場合には、精神状態を調べるために精神鑑定を行うことがある。これを実効的に行うためには、被告人・被疑者の身柄を拘束する必要があるため、鑑定留置というものが認められている。もっとも、鑑定留置をするためには令状が必要である（167条2項）。

PART 8

鑑定・鑑定留置処分

ここに Focus

鑑定留置

❶ 被告人・被疑者の心神又は身体に関する鑑定をするために必要なときは、期間を定めて病院などに留置することができる。

❷ 身体を拘束されていない者についても鑑定留置をすることができる。

❸ 参考人について、鑑定留置を行うことはできない。

❹ 鑑定留置をするには、鑑定留置状が必要である。

❺ 鑑定留置期間は、未決勾留日数に算入されるから、例えば、鑑定留置日数が1か月で、懲役2年の判決を受けた場合、服役期間は1年11か月となる。

❻ 鑑定留置は、期間の上限は特に定められていない。

❼ 接見等禁止決定の後、鑑定留置決定がされたときには、接見禁止の効力は停止するが、鑑定留置を行う際に新たに接見等禁止決定をすることができる。

令状の請求

❽ 鑑定留置状の請求は、検察官、検察事務官又は司法警察員がしなければならない。

○×問題で復習

Q 〔1〕 被告人・被疑者の心神又は身体に関する鑑定をするために必要なときは、裁判所に被告人・被疑者を留置することができる。

〔2〕 鑑定留置をするには、鑑定留置状が必要である。

〔3〕 捜査機関が鑑定留置をしようとするときは、検察官、検察事務官又は司法警察員が、裁判官にその処分を請求しなければならない。

〔4〕 鑑定留置期間は、未決勾留日数に算入される。

〔5〕 刑事訴訟法上、鑑定留置について期間の上限が定められている。

〔6〕 接見等禁止決定の後、鑑定留置決定がされたときには、接見禁止の効力は停止するが、鑑定留置を行う際に新たに接見等禁止決定をすることができる。

解答解説

×〔1〕　被告人・被疑者の心神又は身体に関する鑑定をするために必要なときは、~~裁判~~
　　　　〔病院〕
　　　　~~所~~に被告人・被疑者を留置することができる。
　　　　〔その他相当な場所〕

○〔2〕　鑑定留置をするには、鑑定留置状が必要である。

○〔3〕　捜査機関が鑑定留置をしようとするときは、検察官、検察事務官又は司法警察
　　　　員が、裁判官にその処分を請求しなければならない。

○〔4〕　鑑定留置期間は、未決勾留日数に算入される。

×〔5〕　刑事訴訟法上、鑑定留置について期間の上限が~~定められている~~。
　　　　　　　　　　　　　　　　　　　　　　　　　　〔定められていない〕

○〔6〕　接見等禁止決定の後、鑑定留置決定がされたときには、接見禁止の効力は停止
　　　　するが、鑑定留置を行う際に新たに接見等禁止決定をすることができる。

Part **9**

令状による捜索・差押え

令状による捜索・差押え

関係条文

········· **刑事訴訟法** ·········

（差押え・電気通信回線で接続している記録媒体からの複写・提出命令）

第99条　裁判所は、必要があるときは、証拠物又は没収すべき物と思料するものを差し押えることができる。但し、特別の定のある場合は、この限りでない。

②・③　（略）

（捜索）

第102条　裁判所は、必要があるときは、被告人の身体、物又は住居その他の場所に就き、捜索をすることができる。

②　被告人以外の者の身体、物又は住居その他の場所については、押収すべき物の存在を認めるに足りる状況のある場合に限り、捜索をすることができる。

（執行の方式）

第110条　差押状、記録命令付差押状又は捜索状は、処分を受ける者にこれを示さなければならない。

（証明書の交付）

第119条　捜索をした場合において証拠物又は没収すべきものがないときは、捜索を受けた者の請求により、その旨の証明書を交付しなければならない。

（押収目録の交付）

第120条　押収をした場合には、その目録を作り、所有者、所持者若しくは保管者（第110条の2の規定による処分を受けた者を含む。）又はこれらの者に代るべき者に、これを交付しなければならない。

（令状による差押え・記録命令付差押え・捜索・検証）

第218条　検察官、検察事務官又は司法警察職員は、犯罪の捜査をするについて必要があるときは、裁判官の発する令状により、差押え、記録命令付差押え、捜索又は検証をすることができる。この場合において、身体の検査は、身体検査令状によらなければならない。

②・③　（略）

④　第1項の令状は、検察官、検察事務官又は司法警察員の請求により、これを発する。

⑤・⑥　（略）

（差押え等の令状の方式）

第219条　前条の令状には、被疑者若しくは被告人の氏名、罪名、差し押さえるべき物、

記録させ若しくは印刷させるべき電磁的記録及びこれを記録させ若しくは印刷させるべき者、捜索すべき場所、身体若しくは物、検証すべき場所若しくは物又は検査すべき身体及び身体の検査に関する条件、有効期間及びその期間経過後は差押え、記録命令付差押え、捜索又は検証に着手することができず令状はこれを返還しなければならない旨並びに発付の年月日その他裁判所の規則で定める事項を記載し、裁判官が、これに記名押印しなければならない。

②・③　(略)

(押収・捜索・検証に関する準用規定等)

第222条　第99条第1項、第100条、第102条から第105条まで、第110条から第112条まで、第114条、第115条及び第118条から第124条までの規定は、検察官、検察事務官又は司法警察職員が第218条、第220条及び前条の規定によつてする押収又は捜索について、第110条、第111条の2、第112条、第114条、第118条、第129条、第131条及び第137条から第140条までの規定は、検察官、検察事務官又は司法警察職員が第218条又は第220条の規定によつてする検証についてこれを準用する。ただし、司法巡査は、第122条から第124条までに規定する処分をすることができない。

②～⑦　(略)

次は、令状による捜索・差押えに関する記述であるが、誤りはどれか。

〔1〕　令状による捜索の結果、証拠物を発見し、差押えをした場合には、被処分者から請求がなければ、押収品目録交付書を交付しなくてもよい。

〔2〕　被疑者の居宅に対する捜索差押許可状を執行して同所の捜索・差押えを開始したところ、たまたま居合わせた第三者が、その白衣に捜索対象物を隠匿所持している蓋然性が高いことが判明した場合には、その着衣についても捜索をすることができる。

〔3〕　捜索差押許可状を執行しようとしたところ、被処分者が不在であった場合には、立会人にこれを呈示して、捜索・差押えを開始することも許される。

〔4〕　捜索・差押えの実効性を確保するためにやむを得ない場合には、令状の呈示前に部屋の内部に立ち入ることもできる。

〔5〕　被疑者不詳のまま、令状により捜索・差押えを行うことも許される。

〔解答〕　〔1〕

STEP 1

　裁判所は、必要があるときは、身体、物又は住居その他の場所を捜索することができる。もっとも、被告人・被疑者以外の者については、押収すべき物の存在を認めるに足りる状況のある場合に限り、捜索をすることができる。

　また、裁判所は、必要があるときは、証拠物又は没収すべき物と思料するものを差し押さえることができる。ただし、特別の定めのある場合は、この限りでない。

STEP 2

　捜索とは、一定の場所・物・人について、被疑者や差し押さえる物の発見を目的として行う強制処分のことである。

　差押えとは、捜索に続いて物の占有を取得する強制処分のことである。

　捜索・差押えは強制処分であるから、これを行うには令状が必要であり（218条1項）、裁判官が捜索差押令状を発付する。他の強制処分の場合と同じく、裁判官に必要性を判断させることで人権の保障を図っている。

　そして、捜索差押許可状は、逮捕状と同じく、処分を受ける者に事前に呈示しなければならない。これは、捜査機関の恣意を抑制するためである。

　また、捜索差押令状の記載内容は細かく決められており、被告人・被疑者の氏名、罪名に加えて、差し押さえるべき物、捜索すべき場所・身体・物の記載が必要となる（219条1項）。これは、対象を場所とするか、身体とするか、物とするかによって、侵害されるおそれのある人権（プライバシー権や財産権）が変わってくるからである。令状の記載を厳しくしておくことで、捜査機関の権限がどこまでかをはっきりとさせ、被処分者の不服申立ての機会をも保障している。

　捜索・差押えは逮捕より前の段階で行うため、逮捕の場合よりも嫌疑の程度は低くてよいとされている。

　なお、被疑者そのものが不確定の場合もあるため、逮捕状とは違って、令状の記載を「被疑者不詳」とすることも許される。

令状の効力が及ぶ範囲（令状の記載が、捜索すべき場所＝「甲方居室」の場合）

居住者（甲）・これに準ずる者の携帯物	差し押さえるべき物が携帯されているか置かれているかは偶然の事情であるから、効力が及ぶ。
たまたま居合わせた甲以外の者の携帯物・身体	差し押さえるべき物を隠匿所持していると疑われる場合には、効力が及ぶ。
捜索中に配達された甲の荷物	居住者（甲）が受領すればその場所にあった物と同じであるから、効力が及ぶ。

ここに Focus

令状による捜索・差押え

❶　検察官、検察事務官又は司法警察職員は、裁判官の令状により捜索・差押えをすることができる。

❷　被疑者については、捜索の必要があれば、被疑者の身体・物・住居その他の場所を捜索できる。

❸　被疑者以外の者については、差し押さえるべき物の存在を認めるべき状況のある場合に限り、その者の身体・物・住居その他の場所を捜索できる。

令状の請求権者

❹　捜索差押許可状は、検察官、検察事務官又は司法警察員が請求する。

令状の記載

❺　捜索差押許可状には、被疑者・被告人の氏名、罪名、差し押さえるべき物、捜索すべき場所・身体・物、有効期間などが記載されていなければならない。

❻　捜索差押許可状においては、捜索すべき場所・身体・物が区別できるよう、明瞭に書き分けられている必要がある。

❼　捜索・差押えは逮捕の場合と違い、被疑者そのものが不確定の場合もあるため、令状には「被疑者不詳」と記すことが許される。

令状の効力

❽　令状の効力は、記載された場所・身体・物にしか及ばないのが原則である。

❾　被疑者の居宅にたまたま居合わせた第三者の携帯物（着衣を含む）・身体については、差し押さえるべき物を隠匿所持している蓋然性が高い場合に、例外的に捜索することができる。

❿　場所についての捜索差押許可状に基づいて居室を捜索中、宅配便の配達員によって荷物が配達された場合には、その荷物についても令状の効力が及び、捜索の対象とすることができる。【判例A】

⓫　場所についての捜索差押許可状によって、その場所の居住者・これに準ずる者の携帯物を捜索することができる。【判例B】

令状の呈示

⑫ 捜索差押許可状は、原則として令状の執行の着手前に被処分者に対して呈示しなければならない。

⑬ 捜索・差押えの実効性を確保するためにやむを得ない場合には、令状の呈示前に部屋の内部に立ち入ることができる。【判例C】

⑭ 証拠隠滅のおそれがある場合など（特に薬物犯罪）には、令状を呈示する前に捜索準備行為・現場保存行為をすることができる。【判例D】

⑮ 令状の呈示は、被処分者に対してする必要があるが、被処分者が不在の時には立会人に呈示してもよい。

⑯ 捜索・差押えをするにあたり一度令状を呈示した後は、たとえ途中で中断が生じても再び令状を呈示する必要はない。

書面の交付

⑰ 差押えをした場合には、請求がなくとも、押収品目録交付書を作成して所有者・所持者・保管者などに交付しなければならない。

⑱ 捜索をしたが証拠物・没収すべきものがなかった場合には、捜索を受けた者の請求に応じて、捜索証明書を交付しなければならない。

4分

判例
A

Q 場所についての令状の効力は捜索中に配達された荷物にも及ぶか？

A 及ぶ。

捜索場所である被告人方居宅を捜索中に、被告人あてに荷物が配達され、これにつき令状の効力が及ぶかが問題となった事案。

> **最決平19.2.8**
> 　捜索場所を被告人方居室等、差し押さえるべき物を覚醒剤等とする捜索差押許可状に基づき、被告人立会いの下に上記居室を捜索中、宅配便の配達員によって被告人あてに配達され、被告人が受領した荷物についても、警察官は上記許可状に基づき捜索することができる。

判例
B

Q 場所についての令状の効力は、その場所の居住者・これに準ずる者の携帯物にも及ぶか？

A 及ぶ。

捜索場所であるマンションの居室を捜索中に、その居室の同居者が携帯しているボストンバッグを捜索することが許されるかが問題となった事案。

> **最決平6.9.8**
> 　被告人の内妻であった甲に対する覚醒剤取締法違反被疑事件につき、同女及び被告人が居住するマンションの居室を捜索場所とする捜索差押許可状の発付を受け、居室の捜索を実施する場合、前記捜索差押許可状に基づき被告人が携帯する右ボストンバッグについても捜索することができる。

判例 **C**

Ｑ 令状の呈示前に部屋の内部に立ち入ることは適法か？

Ａ 適法とされる場合がある。

　覚醒剤取締法違反事件につき、令状の呈示に先立ってホテル客室のドアをマスターキーで開けて入室したことが許されるかが問題となった事案。

> **最決平14.10.4**
> 　令状の執行に着手する前の呈示を原則とすべきであるが、捜索差押えの実効性を確保するために必要であり、社会通念上相当な態様である以上、警察官らが令状の執行に着手して入室した上、その直後に呈示を行うことは、法意にもとるものではなく、捜索差押えの実効性を確保するためにやむを得ないところであって、適法である。

判例 **D**

Ｑ 令状呈示前に捜索準備行為・現場保存行為をすることはできるか？

Ａ 証拠隠滅のおそれがある場合、許される。

　令状を呈示していたのでは証拠隠滅のおそれがある場合に、令状を呈示する前に現場保存をすることができるかが問題となった事案。

> **大阪高判平6.4.20**
> 　証拠隠滅行為に出て捜索の目的を達することを困難にするおそれがあるときには、捜索・差押えの実効を確保するため令状呈示前ないしはこれと並行して、処分を受ける者の関係者等の存否及び動静の把握等、現場保存的行為や措置を講じることが許される。

PART 9 令状による捜索・差押え

○×問題で復習

Q 〔1〕　捜索差押許可状の請求は司法警察員がするが、急速を要するときは司法巡査もこれを行うことができる。

〔2〕　被疑者不詳のまま、令状により捜索・差押えを行うことが許される場合がある。

〔3〕　捜索差押許可状においては、捜索すべき場所・身体・物は、客観的に区別できるよう記載されなければならない。

〔4〕　被疑者以外の者の身体・物・住居その他の場所についても、捜索の必要性さえあれば捜索をすることができる。

〔5〕　捜索差押許可状において、その捜索の範囲が場所Aとされている場合、たまたま場所Aに居合わせた乙の携帯物・身体については、どのような場合であっても捜索することはできない。

〔6〕　捜索差押許可状に基づいて居室を捜索中、宅配便の配達員によって荷物が配達された場合には、その荷物についても捜索することができる。

〔7〕　捜索の範囲を場所Aとして捜索差押許可状の発付を得た場合、捜索できるのはあくまでもその場所Aであるから、居住者の携帯しているバッグを捜索することはできない。

〔8〕　例えば薬物犯罪のような証拠隠滅が容易である犯罪につき、捜索・差押えの実効性を確保するためにやむを得ない場合であっても、令状の呈示前に部屋の内部に立ち入ることは許されない。

〔9〕　証拠隠滅のおそれがある場合などには、令状を呈示する前に捜索準備行為・現場保存行為をすることができる。

〔10〕　捜索差押許可状の呈示をしようとしたが、被処分者が不在だったときは、立会人に対してこれを呈示することが許される。

〔11〕　押収品目録交付書及び捜索証明書は必ず交付しなければならない。

解答解説

×〔1〕　捜索差押許可状の請求は司法警察員がするが、急速を要するときは司法巡査も
　　　　　　　　　　　　　　　　　　　　　　　　　　　急速を要する場合でも司法巡査は
これを行うことができる。
捜索差押許可状の請求ができない

○〔2〕　被疑者不詳のまま、令状により捜索・差押えを行うことが許される場合がある。

○〔3〕　捜索差押許可状においては、捜索すべき場所・身体・物は、客観的に区別でき
るよう記載されなければならない。

×〔4〕　被疑者以外の者の身体・物・住居その他の場所についても、捜索の必要性さえ
　　　　　　　　　　　　　　　　　　　　　　　　　　　差し押さえるべき
あれば捜索をすることができる。
物の存在を認めるべき状況のある場合に限る

×〔5〕　捜索差押許可状において、その捜索の範囲が場所Aとされている場合、たまた
ま場所Aに居合わせた乙の携帯物・身体については、どのような場合であっても
　　　　　　　　　　　　　　　　　　　　　　　　　　差し押さえるべき物を隠匿所
捜索することはできない。
持している蓋然性が高い場合は、例外的に捜索することができる

○〔6〕　捜索差押許可状に基づいて居室を捜索中、宅配便の配達員によって荷物が配達
された場合には、その荷物についても捜索することができる。

×〔7〕　捜索の範囲を場所Aとして捜索差押許可状の発付を得た場合、捜索できるのは
あくまでもその場所Aであるから、居住者の携帯しているバッグを捜索すること
　　　　　　　　　　　　　　　　　場所についての令状によって、その場所の居住
はできない。
者・これに準ずる者の携帯物を捜索することができる

× 〔8〕　例えば薬物犯罪のような証拠隠滅が容易である犯罪につき、<u>捜索・差押えの実</u>

<u>効性</u>を確保するためにやむを得ない場合であっても、令状の呈示前に部屋の内部

に立ち入ることは許されない。

差押えの実効性を
確保するためにやむを得ない場合には、令状の呈示前に部屋に立ち入ることができる

○ 〔9〕　証拠隠滅のおそれがある場合などには、令状を呈示する前に捜索準備行為・現

場保存行為をすることができる。

○ 〔10〕　捜索差押許可状の呈示をしようとしたが、被処分者が不在だったときは、立会

人に対してこれを呈示することが許される。

× 〔11〕　押収品目録交付書及び捜索証明書は必ず交付しなければならない。

捜索証明書は、捜索を受けた者の請求があったときに交付すればよい

Chapter 2 捜索・差押えに伴う「必要な処分」 26分

関係条文

········ **刑事訴訟法** ········

（差押え・電気通信回線で接続している記録媒体からの複写・提出命令）

第99条　裁判所は、必要があるときは、証拠物又は没収すべき物と思料するものを差し押えることができる。但し、特別の定のある場合は、この限りでない。

②・③　（略）

（捜索）

第102条　裁判所は、必要があるときは、被告人の身体、物又は住居その他の場所に就き、捜索をすることができる。

②　被告人以外の者の身体、物又は住居その他の場所については、押収すべき物の存在を認めるに足りる状況のある場合に限り、捜索をすることができる。

（差押え・捜索等と必要な処分）

第111条　差押状、記録命令付差押状又は捜索状の執行については、錠をはずし、封を開き、その他必要な処分をすることができる。公判廷で差押え、記録命令付差押え又は捜索をする場合も、同様である。

②　（略）

（令状による差押え・記録命令付差押え・捜索・検証）

第218条　検察官、検察事務官又は司法警察職員は、犯罪の捜査をするについて必要があるときは、裁判官の発する令状により、差押え、記録命令付差押え、捜索又は検証をすることができる。この場合において、身体の検査は、身体検査令状によらなければならない。

②～⑥　（略）

（押収・捜索・検証に関する準用規定等）

第222条　第99条第1項、第100条、第102条から第105条まで、第110条から第112条まで、第114条、第115条及び第118条から第124条までの規定は、検察官、検察事務官又は司法警察職員が第218条、第220条及び前条の規定によつてする押収又は捜索について、第110条、第111条の2、第112条、第114条、第118条、第129条、第131条及び第137条から第140条までの規定は、検察官、検察事務官又は司法警察職員が第218条又は第220条の規定によつてする検証についてこれを準用する。ただし、司法巡査は、第122条から第124条までに規定する処分をすることができない。

②～⑦　（略）

こんな問題が出る!

次は、捜索・押収に伴う「必要な処分」に関する記述であるが、誤りはどれか。

〔1〕　捜索すべき住居の玄関が施錠され、かつ、捜査官が来訪したと知ったならば、被疑者が直ちに証拠隠滅の行為に出ることが十分予測される場合には、捜査官は、鍵を壊して中に入ることができる。

〔2〕　覚醒剤を所持している疑いのある者が宿泊しているホテルの客室の捜索に際し、捜索を察知されれば証拠隠滅されるおそれが高い場合には、来意を告げることなく、あらかじめ支配人から借りたマスターキーで客室のドアを開けて客室内へ入ることも許される。

〔3〕　覚醒剤所持の容疑で被疑者居宅を捜索したところ、覚醒剤様の白色結晶粉末の入った袋を発見したため、これが覚醒剤であるか否かを確認するため、その一部を費消して予試験を実施することは、必要な処分として認められる。

〔4〕　令状に基づき差し押さえた未現像フィルムを、証拠物であるか否かを確認するために現像するに際しては、別途、令状の発付を得ることは要しない。

〔5〕　捜索・差押えの執行中に、携帯電話機で外部の者と連絡を取ろうとした被疑者から携帯電話機を取り上げ、さらに、携帯電話機の返却要求を拒む行為は、「必要な処分」にはあたらず違法である。

〔解答〕〔5〕

STEP 1

　捜索差押許可状を執行するにあたっては、錠をはずし、封を開き、その他「必要な処分」をすることができる。「必要な処分」として許されるのは、捜索差押許可状の執行に必要で相当な行為である。

STEP 2

　捜索差押許可状の執行にあたって「必要な処分」が認められるのは、例えば、家を捜索しようとするときに玄関が施錠されている場合などに何もできないのでは、捜索・差押えの

実効性を確保できないからである。そこで、捜索・差押えをするにあたっては、解錠、開封、その他「必要な処分」をすることができるとされている（111条1項、222条1項）。

　捜索差押許可状は原則として事前呈示が必要だが、例えば、事前に令状を呈示すると証拠を隠滅されてしまい捜査の目的が達成できないときには、宅配便の配達を装って扉を開けさせて立ち入ることも、「必要な処分」として許されると考えられている。証拠隠滅のおそれが生じやすい覚醒剤使用事犯では必要な処分が認められやすい。

　捜索・差押えのために行った様々な行為が「必要な処分」として適法かどうかを考える際には、その行為が捜索・差押えのために①必要か、②相当かを考えればよい。判例も、捜索差押許可状を呈示する前に警察官らがホテル客室のドアをマスターキーで開けて入室した行為について、「捜索差押えの実効性を確保するために必要であり、社会通念上相当であるため、必要な処分として許される」としている。

必要な処分として認められている行為

解錠・開封	○ （明文で認められている）
鍵があるにもかかわらず錠を破壊	×
差し押さえたパソコンのハードディスク内ファイルを印字・出力	○
捜索で発見した白色結晶粉末の予試験	○
令状の呈示状況を承諾なしに写真撮影	○
差押え目的物に含まれていない物を、捜査の参考のためにくまなく撮影	×
差し押さえたフィルムの現像	○
証拠隠滅のおそれがある場合に、宅配便を装って玄関を開けさせて住居内に立入り	○

PART 9　令状による捜索・差押え

証拠隠滅のおそれがある場合に、令状呈示前に、ホテル客室のドアをマスターキーで開けて入室	○
携帯で外部と連絡を取ろうとした被疑者から携帯を取り上げ、その返却要求を拒否	○

ここに**Focus**

必要な処分

❶　捜索差押許可状を執行するにあたっては錠をはずすこと・封を開くことができる。

❷　捜索を察知されれば証拠隠滅のおそれがある場合には、捜索差押許可状の呈示に先立って、ホテル客室のドアをマスターキーで開けて入室したり、宅配便を装って扉を開けさせ立ち入ったりすることが許される。【判例A・B】

❸　差し押さえたフィルムを現像することは許される。【判例C】

❹　捜索・差押えの執行中に、携帯電話機で外部の者と連絡を取ろうとした被疑者から携帯電話機を取り上げ、携帯電話機の返却要求を拒むことは許される。

❺　差し押さえたパソコンを警察署に持ち帰り、ハードディスク内のファイルを印字・出力することは許される。

❻　捜索によって発見された白色結晶粉末が、覚醒剤であるかどうかを確かめるために、覚醒剤の予試験を行うことは許される。

❼　捜索を受ける者に対して令状を呈示している状況を写真撮影することは許される。

❽　鍵があるにもかかわらず錠を破壊することは許されない。【判例D】

❾　捜索中に差押え目的物に含まれていない物につき、捜査の参考にするためにくまなく撮影することは許されない。

4分

判例
A

Q 警察官がホテル客室のドアをマスターキーで開けて入室することは許されるか？

A 必要な処分として、許される場合がある。

　捜索差押えの実効性確保のために、捜索差押許可状の呈示前にホテル客室のドアをマスターキーで開けて入室することが、必要な処分として許されるかどうかが問題となった事案。

> **最決平14.10.4**
> 　捜索差押許可状の呈示に先立って警察官らがホテル客室のドアをマスターキーで開けて入室した措置は、捜索を察知されれば直ちに証拠の隠滅をはかるおそれがある本件においては、捜索差押えの実効性を確保するために必要であり、社会通念上相当な態様で行われていると認められるから、必要な処分として許容される。

判例
B

Q 警察官が宅配便の配達を装って玄関扉を開けさせて住居内に立ち入ることは許されるか？

A 必要な処分として、許される場合がある。

　証拠隠滅のおそれがある場合に、警察官が宅配便を装って玄関扉を開けさせて住居内に立ち入ることが必要な処分として許されるかどうかが問題となった事案。

> **大阪高判平6.4.20**
> 　令状を呈示できる状況にない場合においては、捜査官に対し令状呈示を義務付けている法意に照らし、社会通念上相当な手段方法により、令状を呈示することができる状況を作出することを認めていると解され、かつ、執行を円滑、適正に行うために、執行に接着した時点において、執行に必要不可欠な事前の行為をすることを許容している。
> 　警察官が同法違反の疑いで捜索・差押えに来たことを知れば、直ちに証拠隠滅等の行為に出ることが十分予測される場合であると認められるから、警察官らが、宅急便の配達を装って、玄関扉を開けさせて住居内に立ち入ったという行為は、手段方法において、社会通念上相当性がある。

判例 **C**

Q 差し押さえたフィルムを現像することは許されるか？

A 必要な処分として、許される。

東京高判昭45.10.21

　これをその証明のために使用するには、未現像のままでは意味がなく、そのフィルムがいかなる対象を写したものであるかが明らかにされることによってはじめて証拠としての効用を発揮するといわなければならない。したがって、司法警察員が、本件犯行と関係ある証拠物であるかどうかを確かめ、かつ、裁判所において直ちに証拠として使用しうる状態に置くために、本件フィルムを現像してその影像を明らかにしたことは、当該押収物の性質上、これに対する「必要な処分」であり、許される。

判例 **D**

Q 鍵があるにもかかわらず錠を破壊することは許されるか？

A 緊急の事情がない限り、許されない。

　鍵があるにもかかわらず錠を破壊することが必要な処分として許されるかどうかが問題となった事案。

東京地判昭44.12.16

　捜索・差押えの執行にあたり、施錠された物件があった場合には、まず鍵の提供を受けて開錠するなど執行を受ける者の最も損害の少ない方法によってこれをすべきである。緊急の事情がある場合でない限り、鍵を破壊して執行することは許されない。

○×問題で復習

Q　〔1〕　捜索差押許可状を執行する際、錠をはずすこと・封を開くことについては
さらに令状が必要である。

〔2〕　捜索差押許可状の呈示に先立って、ホテル客室のドアをマスターキーで開
けて入室することは、捜索を察知されれば証拠隠滅のおそれがある場合には
許される。

〔3〕　警察官が宅配便の配達を装いドアを開けさせ住居内に立ち入る行為は、証
拠隠滅のおそれが十分予測される場合であっても、公正な方法ではないため
許されない。

〔4〕　差し押さえたフィルムを現像したり、差し押さえたパソコンのハードディ
スク内のファイルを印字・出力したりするためには、さらに令状が必要であ
る。

〔5〕　捜索・差押えの執行中に、携帯電話で外部の者と連絡を取ろうとした被疑
者から携帯電話を取り上げ、携帯電話の返却要求を拒むことは許される。

〔6〕　捜索によって発見された白色結晶粉末が、覚醒剤であるかどうかを確かめ
るために、覚醒剤の予試験を行うことは許される。

〔7〕　捜索を受ける者に対して令状を呈示している状況を写真撮影することは、
新たな捜索・差押えに当たるため許されない。

〔8〕　捜索差押許可状の執行は、できる限り損害の少ない方法によるべきである
から、鍵があるにもかかわらず錠を破壊することは許されない。

〔9〕　差押え目的物に含まれていない物であっても、捜索中に発見した物につい
ては、令状なしにくまなく撮影することができる。

解答解説

×〔1〕　捜索差押許可状を執行する際、錠をはずすこと・封を開くことについてはさらに令状が必要である。

解錠・開封は必要な処分として許されるため、令状は必要ない

○〔2〕　捜索差押許可状の呈示に先立って、ホテル客室のドアをマスターキーで開けて入室することは、捜索を察知されれば証拠隠滅のおそれがある場合には許される。

×〔3〕　警察官が宅配便の配達を装いドアを開けさせ住居内に立ち入る行為は、証拠隠滅

手段方法において、社会通念上相当性があるため必要な処分として許される

のおそれが十分予測される場合であっても、公正な方法ではないため許されない。

×〔4〕　差し押さえたフィルムを現像したり、差し押さえたパソコンのハードディスク

直ちに証拠として使用しうる状態に置くために必要な処分

内のファイルを印字・出力したりするためには、さらに令状が必要である。

令状は必要ない

○〔5〕　捜索・差押えの執行中に、携帯電話で外部の者と連絡を取ろうとした被疑者から携帯電話を取り上げ、携帯電話の返却要求を拒むことは許される。

○〔6〕　捜索によって発見された白色結晶粉末が、覚醒剤であるかどうかを確かめるために、覚醒剤の予試験を行うことは許される。

×〔7〕　捜索を受ける者に対して令状を呈示している状況を写真撮影することは、新た

必要

な捜索・差押えに当たるため許されない。

な処分として許される

○〔8〕　捜索差押許可状の執行は、できる限り損害の少ない方法によるべきであるから、鍵があるにもかかわらず錠を破壊することは許されない。

×〔9〕　差押え目的物に含まれていない物であっても、捜索中に発見した物については、令状なしにくまなく撮影することができる。

くまなく撮影することは実質的に捜索・差押えであるから許されない

3 立会い ⏱17分

関係条文

········· **刑事訴訟法** ·········

（当事者の立会い）

第113条　検察官、被告人又は弁護人は、差押状、記録命令付差押状又は捜索状の執行に立ち会うことができる。ただし、身体の拘束を受けている被告人は、この限りでない。

②　差押状、記録命令付差押状又は捜索状の執行をする者は、あらかじめ、執行の日時及び場所を前項の規定により立ち会うことができる者に通知しなければならない。ただし、これらの者があらかじめ裁判所に立ち会わない意思を明示した場合及び急速を要する場合は、この限りでない。

③　裁判所は、差押状又は捜索状の執行について必要があるときは、被告人をこれに立ち会わせることができる。

（責任者の立会い）

第114条　公務所内で差押状、記録命令付差押状又は捜索状の執行をするときは、その長又はこれに代わるべき者に通知してその処分に立ち会わせなければならない。

②　前項の規定による場合を除いて、人の住居又は人の看守する邸宅、建造物若しくは船舶内で差押状、記録命令付差押状又は捜索状の執行をするときは、住居主若しくは看守者又はこれらの者に代わるべき者をこれに立ち会わせなければならない。これらの者を立ち会わせることができないときは、隣人又は地方公共団体の職員を立ち会わせなければならない。

（女子の身体の捜索と立会い）

第115条　女子の身体について捜索状の執行をする場合には、成年の女子をこれに立ち会わせなければならない。但し、急速を要する場合は、この限りでない。

こんな問題が出る！

次は、捜索・差押えの立会いに関する記述であるが、誤りはどれか。

〔1〕 被疑者を立会人として、令状による捜索を実施中、その弁護人が「立ち会う権利がある」と申し出てきた場合、捜索に立ち会わせなければならない。

〔2〕 人の住居又は人の看守する邸宅、建造物、船舶内で捜索・差押えを行うときは、住居主、看守者又はこれらの物に変わるべき者を立ち会わせなければならず、これらの者を立ち会わせることができないときは、隣人又は地方公共団体の職員を立ち会わせなければならない。

〔3〕 中学生等の未成年者を立会人として捜索・差押えを行うのは適当ではない。

〔4〕 被疑者の逮捕に際して、公務所内で被疑者を捜索する場合、急速を要する場合であっても、その長又はこれに代わるべき者の立会いを必要とする。

〔5〕 女子の身体について捜索許可状により捜索を行うに際し、急速を要する場合には、成年女子の立会いがないまま捜索をしても違法ではない。

〔解答〕〔1〕

STEP **1**

　捜索等の処分を、人の住居、人の看守する邸宅・建造物・船舶内で行うときは、住居主・看守者又はこれに代わるべき者を立会人としなければならない。また、公務所内で捜索差押許可状の執行をするときは、その長又はこれに代わるべき者に通知してその処分に立ち会わせなければならない。建物の管理者などの責任者を立ち会わせることによって、処分を受ける者の権利を保護することが目的である。

STEP **2**

　どのような捜索・差押えが行われるのかは、被告人・被疑者にとって大きな関心事項である。この点被告人とその弁護人には立会権が認められているのに対し、被疑者とその弁護

人には立会権は認められていない。被疑者が弁護人に立ち
会ってもらいたい場合は、弁護人に「住居主に代わるべき
者」になってもらう必要がある。

ここに Focus

被疑者の立会い

① 被告人には立会権があるが、被疑者には立会権はない。

② 捜索・差押えをする際に必要があるときは、捜査機関は、被疑者を立ち会わせることができる。

弁護人の立会い

③ 被告人の弁護人には立会権があるが、被疑者の弁護人には立会権はない。

責任者の立会い

④ 人の住居で捜索差押許可状の執行をするときは、住居主又はこれに代わるべき者を立ち会わせなければならないが、それができないときは、隣人又は地方公共団体の職員を立ち会わせなければならない。

⑤ 公務所内で捜索差押許可状の執行をするときは、その長又はこれに代わるべき者に通知してその処分に立ち会わせなければならない。

⑥ 被疑者の逮捕に際して、公務所内で被疑者を捜索する場合には、急速を要する場合であっても、その長又はこれに代わるべき者の立会いを必要とする。

成年女子の立会い

⑦ 女子の身体について捜索状の執行をする場合には、急速を要するときを除いて、成年の女子を立ち会わせなければならない。

立会人の欠如

⑧ 捜索中に、立会人がいない状態になった場合には、捜索を中止しなければならない。

⑨ 立会いの意味を理解できない者を立会人とすることはできない。

立会いの可否・要否

捜索・差押えをする際に必要があるとき	被疑者を立ち会わせることが可能 ※被疑者・その弁護人には立会権なし
公務所内で捜索・差押えをするとき	必ず、公務所の長又はこれに代わるべき者の立会いが必要
人の住居で捜索・差押えをするとき	原則：住居主又はこれに代わるべき者の立会いが必要 例外：隣人又は地方公共団体の職員の立会いが必要 　　　※警察官による捜索・差押えの場合、「地方公共団体の職員」に警察官は含まれない。
女子の身体について捜索するとき	原則：成年の女子の立会いが必要 例外：急速を要するときは立会い不要

○×問題で復習

Q 〔1〕 被疑者には立会権がないから、捜索・差押えをする際に必要があると認めるときでも、捜査機関は被疑者を立ち会わせることができない。

〔2〕 公務所内で捜索差押許可状の執行をするときは、その長又はこれに代わるべき者に通知してその処分に立ち会わせなければならず、例外は認められない。

〔3〕 人の住居で捜索差押許可状の執行をするときは、住居主又はこれに代わるべき者を立ち会わせなければならず、これができない場合に隣人を立会人とすることはできないから、捜索差押許可状を執行することができない。

〔4〕 人の住居で警察官が捜索差押許可状の執行をするにあたって、地方公共団体の職員を立ち会わせる場合には、警察官を立ち会わせればよい。

〔5〕 女子の身体について捜索状の執行をする場合には、急速を要するとき以外、成年の女子をこれに立ち会わせなければならない。

〔6〕 捜索中に、立会人がいない状態になった場合であっても、捜索開始時に立会人がいたのであれば、そのまま、捜索を続行することができる。

〔7〕 立会いの意味を理解できない16歳の高校生を立会人とすることはできない。

解答解説

✕〔1〕　被疑者には立会権がないから、捜索・差押えをする際に必要があると認めると
　　　　　　　　　　　　　　捜索・差押えをする際に必要があるときは、捜査機
きでも、捜査機関は被疑者を立ち会わせることができない。
関は、被疑者を立ち会わせることができる

○〔2〕　公務所内で捜索差押許可状の執行をするときは、その長又はこれに代わるべき

者に通知してその処分に立ち会わせなければならず、例外は認められない。

✕〔3〕　人の住居で捜索差押許可状の執行をするときは、住居主又はこれに代わるべき

者を立ち会わせなければならず、これができない場合に隣人を立会人とするこ
　　　　　　　　　　　　　　　　　　　　　　隣人又は地方公共団体
とはできないから、捜索差押許可状を執行することができない。
の職員を立ち会わせることで、捜索差押許可状を執行することができる

✕〔4〕　人の住居で警察官が捜索差押許可状の執行をするにあたって、地方公共団体の

職員を立ち会わせる場合には、警察官を立ち会わせればよい。
　　　　　　　　　　　　　地方公共団体の職員に警察官は含まれない

○〔5〕　女子の身体について捜索状の執行をする場合には、急速を要するとき以外、成

年の女子をこれに立ち会わせなければならない。

✕〔6〕　捜索中に、立会人がいない状態になった場合であっても、捜索開始時に立会人
　　　　捜索中に、立会人がいない状態になった場合は、捜索を中止しなければならない
がいたのであれば、そのまま、捜索を続行することができる。

○〔7〕　立会いの意味を理解できない16歳の高校生を立会人とすることはできない。

捜索差押令状の 夜間執行

Chapter **4**

20分

関係条文

········· **刑事訴訟法** ·········

（夜間の執行の制限）

第116条　日没前、日没後には、令状に夜間でも執行することができる旨の記載がなければ、差押状、記録命令付差押状又は捜索状の執行のため、人の住居又は人の看守する邸宅、建造物若しくは船舶内に入ることはできない。

②　日没前に差押状、記録命令付差押状又は捜索状の執行に着手したときは、日没後でも、その処分を継続することができる。

（夜間執行の制限の例外）

第117条　次に掲げる場所で差押状、記録命令付差押状又は捜索状の執行をするについては、前条第1項に規定する制限によることを要しない。

一　賭博、富くじ又は風俗を害する行為に常用されるものと認められる場所

二　旅館、飲食店その他夜間でも公衆が出入りすることができる場所。ただし、公開した時間内に限る。

（令状による差押え・記録命令付差押え・捜索・検証）

第218条　検察官、検察事務官又は司法警察職員は、犯罪の捜査をするについて必要があるときは、裁判官の発する令状により、差押え、記録命令付差押え、捜索又は検証をすることができる。この場合において、身体の検査は、身体検査令状によらなければならない。

②～⑥　（略）

（押収・捜索・検証に関する準用規定等）

第222条　（略）

②　（略）

③　第116条及び第117条の規定は、検察官、検察事務官又は司法警察職員が第218条の規定によってする差押え、記録命令付差押え又は捜索について、これを準用する。

④～⑦　（略）

こんな問題が出る！

次は、捜索差押令状の夜間執行に関する記述であるが、誤りはどれか。

〔1〕　日出前、日没後には、令状に夜間執行を許可する旨の記載がなければ、捜索差押令状の執行のため、人の住居や人の看守する邸宅等に入ることはできない。「日の出前、日没後」であるか否かは暦により判断する。

〔2〕　日没前に捜索差押令状の執行に着手したときは、当該令状に夜間執行を許可する旨の記載がなくとも、日没後も捜索・差押えを継続することができる。

〔3〕　令状の捜索場所として記載されている自動車が夜間路上に駐車されている場合、令状に夜間執行を許可する旨の記載がなければ、当該自動車内での捜索・差押えを実施することはできない。

〔4〕　公務所は、夜間執行の制限が適用される「人の看守する建造物」に該当するが、夜間における私生活の平穏の保護という制度趣旨はあてはまらないから、夜間執行の制限は適用されないと解される。

〔5〕　夜間でも公衆が出入りすることができる場所である麻雀屋が、風営法の制限に反して深夜に営業を行っている場合は、現に公開されている以上、夜間執行の制限は適用されない。

〔解答〕〔3〕

STEP 1

　日出前、日没後には、令状に夜間でも執行することができる旨の記載がない限り、差押状、記録命令付差押状又は捜索状の執行のため、人の住居又は人の看守する邸宅、建造物若しくは船舶内に入ることはできない（116条1項）。

　ただし、日没前に差押状、記録命令付差押状又は捜索状の執行に着手したときは、日没後でも、その処分を継続することができる（116条2項）。

　次に掲げる場所では夜間の差押状、記録命令付差押状又は捜索状の執行ができる（117条）。

①賭博、富くじ又は風俗を害する行為に常用されるものと認

められる場所

②公開した時間内に限り、旅館、飲食店その他夜間でも公衆
　が出入りすることができる場所

STEP 2

2分

　夜間執行は、私生活の平穏を害するおそれがある。そこで、
一定の施設において夜間に捜索差押令状を執行するためには
令状にこれを許可する旨の記載がなければならない。

夜間執行に係る令状への記載の要否

人の住居	令状に夜間執行できる旨の記載が必要
人の看守する邸宅・建造物・船舶内	原則：令状に夜間執行できる旨の記載が必要 例外：夜間における私生活の平穏を保護する必要がない場所では、記載不要。 ※公務所など
賭博・富くじなど風俗を害する行為に常用される場所	令状に夜間執行できる旨の記載不要
旅館、飲食店など夜間でも公衆が出入りできる場所	原則：令状に夜間執行できる旨の記載が必要 例外：公開した時間内は、記載不要 ※実際に公開されていればよい

※日没前に捜索差押許可状の執行に着手すれば、日没後でも、捜索・
　差押えを継続できる。

ここに Focus

人の住居

❶　夜間執行をして人の住居に入るためには、令状に夜間執行できる旨の記載が必要である。

❷　令状に夜間執行できる旨の記載がなければ、たとえ住居主の承諾が得られたとしても、夜間執行はできない。

人の看守する邸宅・建造物・船舶内

❸　人の看守する邸宅・建造物・船舶内については、原則として、令状に夜間執行できる旨の記載が必要であるが、夜間における私生活の平穏を保護する必要がない場合には、記載は不要である。

❹　公務所は人の看守する建造物ではあるが、夜間における私生活の平穏を保護する必要がないため、夜間執行の制限はない。

❺　路上に駐車されている自動車については夜間執行の制限はされない。

賭博・富くじなど風俗を害する行為に常用される場所

❻　賭博・富くじ、風俗を害する行為に常用される場所については、夜間執行の制限はない。

旅館・飲食店など公衆が出入りできる場所

❼　旅館・飲食店などの夜間でも公衆が出入りできる場所については、「公開した時間内」であれば、夜間執行の制限はない。

❽　公開が法令に反していたとしても、実際に公開がされていれば「公開した時間内」にあたる。

日没前の着手

❾　日没前に捜索差押許可状の執行に着手したときは、日没後でも、捜索・差押えを継続することができる。

○×問題で復習

Q 〔1〕 捜索差押令状の執行のため人の住居に立ち入ろうとするときは、捜索の着手が日没前であっても、令状に夜間執行を許可する旨の記載がなければ、日没後は捜索を続行することができない。

〔2〕 夜間執行をして人の住居に入るためには、令状に夜間執行できる旨の記載が必要であるが、住居主の承諾が得られれば記載がなくても夜間執行できる。

〔3〕 公務所は人の看守する建造物にあたるから、夜間執行の制限が適用される。

〔4〕 路上に駐車されている自動車は夜間執行の制限を受けない。

〔5〕 捜索差押令状の執行のために、賭博・富くじ、風俗を害する行為に常用される場所に入るためには、令状に夜間執行を許可する旨の記載がなければならない。

〔6〕 捜索差押令状の執行のために旅館・飲食店などに入るためには、公開した時間内であっても、令状に夜間執行を許可する旨の記載がなければならない。

〔7〕 夜間でも公衆が出入りすることができる麻雀屋が、風営法の制限に反して深夜に営業を行っている場合は、公開自体が法令に違反しているのであるから、公開の時間内とはいえず、夜間執行の制限の適用がある。

解答解説

×〔１〕　捜索差押令状の執行のため人の住居に立ち入ろうとするときは、捜索の着手が
　　　　　　　　　　　　　　　　　　　　　　　　　　　　　　日没前に捜索
　　日没前であっても、令状に夜間執行を許可する旨の記載がなければ、日没後は捜
　　差押許可状の執行に着手していれば、日没後でも捜索・差押えを継続できる
　　索を続行することができない。

× 〔２〕　夜間執行をして人の住居に入るためには、令状に夜間執行できる旨の記載が必

　　要であるが、住居主の承諾が得られれば記載がなくても夜間執行できる。
　　　　　　　　　　住居主の承諾があっても、令状に記載がなければ夜間の執行はできない

× 〔３〕　公務所は人の看守する建造物にあたるから、夜間執行の制限が適用される。
　　　　　　　　夜間における私生活の平穏を保護する必要がない　　　　　　夜間執行の制限はない

○〔４〕　路上に駐車されている自動車は夜間執行の制限を受けない。

× 〔５〕　捜索差押令状の執行のために、賭博・富くじ、風俗を害する行為に常用される
　　　　　　　　　　　　　　　　　　　賭博・富くじ、風俗を害する行為に常用される場
　　場所に入るためには、令状に夜間執行を許可する旨の記載がなければならない。
　　所については、夜間執行の制限はない

× 〔６〕　捜索差押令状の執行のために旅館・飲食店などに入るためには、公開した時間
　　　　　　　　　　　　　　　　　　　　　　　　　　　　　　　　公開した時間
　　内であっても、令状に夜間執行を許可する旨の記載がなければならない。
　　内であれば、夜間執行の制限はない

× 〔７〕　夜間でも公衆が出入りすることができる麻雀屋が、風営法の制限に反して深夜
　　　　に営業を行っている場合は、公開自体が法令に違反しているのであるから、公開
　　　　　　　　　　　　　　　　　公開が法令に違反していたとしても、実際に公開されて
　　の時間内とはいえず、夜間執行の制限の適用がある。
　　いれば公開した時間内にあたるので夜間執行の制限はない

強制採血・強制採尿等

 28分

関係条文

·········· **刑事訴訟法** ··········

（身体検査の直接強制）

第139条 裁判所は、身体の検査を拒む者を過料に処し、又はこれに刑を科しても、その効果がないと認めるときは、そのまま、身体の検査を行うことができる。

（鑑定と必要な処分、許可状）

第168条 鑑定人は、鑑定について必要がある場合には、裁判所の許可を受けて、人の住居若しくは人の看守する邸宅、建造物若しくは船舶内に入り、身体を検査し、死体を解剖し、墳墓を発掘し、又は物を破壊することができる。

②～⑥ （略）

（令状による差押え・記録命令付差押え・捜索・検証）

第218条 検察官、検察事務官又は司法警察職員は、犯罪の捜査をするについて必要があるときは、裁判官の発する令状により、差押え、記録命令付差押え、捜索又は検証をすることができる。この場合において、身体の検査は、身体検査令状によらなければならない。

②～⑤ （略）

⑥ 裁判官は、身体の検査に関し、適当と認める条件を附することができる。

（押収・捜索・検証に関する準用規定等）

第222条 第99条第1項、第100条、第102条から第105条まで、第110条から第112条まで、第114条、第115条及び第118条から第124条までの規定は、検察官、検察事務官又は司法警察職員が第218条、第220条及び前条の規定によつてする押収又は捜索について、第110条、第111条の2、第112条、第114条、第118条、第129条、第131条及び第137条から第140条までの規定は、検察官、検察事務官又は司法警察職員が第218条又は第220条の規定によつてする検証についてこれを準用する。ただし、司法巡査は、第122条から第124条までに規定する処分をすることができない。

②～⑦ （略）

（第三者の任意出頭・取調べ・鑑定等の嘱託）

第223条 検察官、検察事務官又は司法警察職員は、犯罪の捜査をするについて必要があるときは、被疑者以外の者の出頭を求め、これを取り調べ、又はこれに鑑定、通訳若しくは翻訳を嘱託することができる。

② （略）

（鑑定に必要な処分）

第225条　第223条第１項の規定による鑑定の嘱託を受けた者は、裁判官の許可を受けて、第168条第１項に規定する処分をすることができる。

②〜④　（略）

こんな問題が出る！

次は、強制採血、強制採尿に関する記述であるが、誤りはどれか。

〔１〕　在宅被疑者に対して捜索差押許可状により強制採尿をする場合、捜索・差押えに必要な処分として、当該被疑者を採尿場所まで強制的に連行することができる。

〔２〕　採尿令状を示す前に、被疑者が観念して自発的に採尿し、これを提出した場合には、領置をすればよい。

〔３〕　採尿場所は、被疑者の身体の安全とその人格の保護から、原則として病院の診察室とすべきである。

〔４〕　強制採尿は、尿管にカテーテルを挿入する方法で行うため、医師をして医学的に相当な方法で行わせなければならない。

〔５〕　犯行現場に残された血液と逮捕勾留中の被疑者の血液との異同識別を行うため、被疑者から強制的に採血をするのに必要な令状は、身体検査令状と鑑定処分許可状である。

〔解答〕〔２〕

PART9　令状による捜索・差押え

STEP 1

　強制採血とは、医学的手段を用いて強制的に被疑者の血液を採取することをいう。

　強制採尿とは、被疑者が任意で自分の尿を提出しない場合に、医学的手段を用いて強制的に被疑者の尿を採取することをいう。

STEP 2

　強制採血・強制採尿やレントゲン・下剤の使用は、強制処分であると考えられているため、これらを行うためには令状が必要である。しかし、刑事訴訟法には、「強制採血」や「強制採尿」などという言葉は出てこないため、これらを行うためにどのような令状が必要となるかが問題となる。その答えを出すためには、これらの処分がどのような性質を持っているかを知る必要がある。

　例えば、強制採尿は強制的に尿を採取する処分であり、採取した尿は証拠物として扱われる。したがって、強制採尿は捜索・差押えの性質を持っているといえ、捜索差押許可状が必要だということになる。

　もっとも、強制採尿は尿道にカテーテルを挿入して行うため、一般の捜索・差押えとは違って人権侵害のおそれがどうしてもつきまとう。そこで、強制採尿をするためには捜索差押許可状に「医師が医学的に相当な方法で行う」との条件をつけなければならないとされている。

　このように、刑事訴訟法にピッタリ同じ名前の処分がない強制処分については、その処分の性質からどの令状が必要かを考えていくことになる。

ここに Focus

強制採血

❶　強制採血をするためには、身体検査令状と鑑定処分許可状を併用しなければならない。

強制採尿

❷　強制採尿は、被疑事件の重大性や適当な代替手段の不存在等の事情から、捜査上真にやむを得ないと認められる場合に、最終的手段として行うことが許される。【判例A】

❸　錯乱状態に陥り任意の尿の提出が期待できない状況にある場合には、犯罪の捜査上真にやむを得ないといえるため、強制採尿を行うことができる。【判例B】

❹　強制採尿は、「医師が医学的に相当な方法で行う」との条件が記載されている捜索差押許可状によって行わなければならない。【判例C】

❺　強制採尿をする場合、強制採尿令状の効力として、被疑者を採尿に適する最寄りの場所まで強制的に連行することができる。【判例D】

❻　被疑者を採尿に適する最寄りの場所まで強制的に連行する際、必要最小限度の有形力を行使することができる。【判例E】

❼　採尿場所は、被疑者の身体の安全とその人格の保護の観点から、原則として病院の診察室とすべきである。

❽　採尿令状を示す前に、被疑者が観念して自発的に採尿しこれを提出した場合には、これを領置するのではなく、令状を示した上で差押手続をとる必要がある。

❾　強制採尿の最中に被疑者が暴れたため採尿に失敗したときは、同一の強制採尿令状によって再び強制採尿することができる。

嚥下物の採取

❿　嚥下物をレントゲンや下剤を使用して体外に排出させて採取する場合には、捜索差押許可状と鑑定処分許可状を併用しなければならない。

令状の組合せ

	強制採尿	強制採血	嚥下物をレントゲン・下剤を使用して採取
組合せ	条件※が記載された捜索差押許可状（強制採尿令状）	①鑑定処分許可状 ＋ ②身体検査令状	①捜索差押許可状 ＋ ②鑑定処分許可状
理　由	①尿の採取は捜索・差押えの性質 ②人権侵害のおそれがある点で、検証の性質	①採血には専門性が必要。血液は尿と違い無価値物とはいえない。 ②鑑定処分許可状のみでは直接強制できない。	①嚥下物の採取は体内にある物の捜索・差押えの性質 ②専門性が必要

※「医師が医学的に相当な方法で行う」との条件

鑑定、検証、捜索の性質の違い

	鑑　定	検　証	捜　索
意　義	特別の知識経験を有する者だけが認識しうる法則又はその法則を具体的事実に適用して得た判断	物・場所・身体の形状を五官の作用によって認識する処分	物・場所・身体について、物・人の発見を目的としてする処分
令状の種類	鑑定処分許可状※鑑定処分を行う場合	検証許可状（身体検査については身体検査令状）	捜索差押許可状
主体（誰が行うのか）	鑑定受託者	検察官・検察事務官、司法警察職員	検察官・検察事務官、司法警察職員
身体に対する処分として可能なこと	①外部的検査（身長体重測定、血圧測定など）②内部的検査（レントゲン、血液採取など）	①外表・開口を外部から検査	①着衣のまま外表を捜索②着衣のまま内部を捜索③着衣の捜索
専門的知識の必要性	必要	不要	不要
被疑者が拒否した場合にその場で直接強制できるか	できない	できる	できる

判例
A

Q 強制採尿は許されるか？

A 捜査上真にやむを得ないと認められ、最終的手段として行うのであれば許される。

強制処分として強制採尿が許されるのはどのような場合かが問題となった事案。

> **最決昭55.10.23**
> 　被疑者の体内から導尿管（カテーテル）を用いて強制的に尿を採取することは、捜査手続上の強制処分として絶対に許されないものではなく、被疑事件の重大性、嫌疑の存在、当該証拠の重要性とその取得の必要性、適当な代替手段の不存在等の事情に照らし、捜査上真にやむを得ないと認められる場合には、最終的手段として、適切な法律上の手続を経たうえ、被疑者の身体の安全と人格の保護のための十分な配慮のもとに行うことが許される。

判例
B

Q 被疑者が錯乱状態に陥っている場合、強制採尿をすることは許されるか？

A 捜査上真にやむを得ない場合にあたるため許される。

被疑者が錯乱状態に陥り、任意の尿の提出が期待できない場合に、強制採尿ができるかが問題となった事案。

> **最決平 3 . 7 .16**
> 　錯乱状態に陥り任意の尿の提出が期待できない状況にあった者に対する強制採尿手続は、犯罪の捜査上真にやむを得ない場合に実施されたものであり、違法ではない。

判例

Q 強制採尿に必要な令状は何か？

A 条件が記載された捜索差押許可状。

　強制処分である強制採尿をするためには、どの令状が必要かが問題となった事案。

> **最決昭55.10.23**
> 　体内に存在する尿を犯罪の証拠物として強制的に採取する行為は捜索・差押えの性質を有するから、捜査機関がこれを実施するには捜索差押令状が必要である。ただし、強制採尿は人権を侵害するおそれがある点では、一般の捜索・差押えと異なり、検証の方法としての身体検査と共通の性質を有しているので、身体検査令状に関する刑訴法218条5項〔現6項〕が右捜索差押令状に準用されるべきであって、令状の記載要件として、強制採尿は医師をして医学的に相当と認められる方法により行わせなければならない旨の条件の記載が不可欠である。

判例

Q 強制採尿令状があれば、採尿場所まで被疑者を連行することができるか？

A 採尿に適した最寄りの場所まで連行することができる。

　強制採尿をする際、任意に同行しない被疑者を連行することができるのはどのような場合かが問題となった事案。

> **最決平6.9.16**
> 　身柄を拘束されていない被疑者が任意同行をかたくなに拒否する態度を取り続けており、採尿場所へ任意に同行することが事実上不可能であると認められる場合には、強制採尿令状の効力として、採尿に適する最寄りの場所まで被疑者を連行することができる。

判例
E

Ⓠ 採尿場所まで被疑者を連行する際、有形力を行使することができるか？

Ⓐ 必要最小限度の有形力を行使することができる。

採尿場所まで被疑者を連行する際、有形力を行使することができるかが問題となった事案。

> **最決平6.9.16**
> 　採尿に適する最寄りの場所まで被疑者を連行する際、必要最小限度の有形力を行使することができる。

○×問題で復習

Q　〔1〕　強制採血をするためには、捜索差押許可状と身体検査令状を併用しなければならない。

〔2〕　強制採尿は、捜査上真にやむを得ないと認められる場合に、最終的手段として行うことが許されるから、被疑者が錯乱状態に陥り任意の尿の提出が期待できない場合には、被疑者が錯乱状態を脱するのを待たなければならない。

〔3〕　強制採尿は、「医師が医学的に相当な方法で行う」との条件が記載されている身体検査令状によって行わなければならない。

〔4〕　強制採尿をする場合、強制採尿令状の効力として、必要最小限度の有形力を行使して、被疑者を採尿に適する最寄りの場所まで強制的に連行することができる。

〔5〕　採尿場所は、被疑者の身体の安全とその人格の保護の観点から、原則として病院の診察室とすべきである。

〔6〕　採尿令状を示す前に被疑者が観念して、自発的に採尿してこれを提出した場合には強制採尿令状はその効力を失うから、尿を領置すべきである。

〔7〕　強制採尿の最中に被疑者が暴れたため採尿に失敗したときは、一度採尿を試みたときに強制採尿令状はその効力を失っているから、同一の強制採尿令状によって再び強制採尿することはできない。

〔8〕　嚥下物を下剤により体外に排出させて採取する場合には、捜索差押許可状と身体検査令状を併用しなければならない。

解答解説

×〔1〕 強制採血をするためには、<u>捜索差押許可状と身体検査令状</u>を併用しなければな
                鑑定処分許可状と身体検査令状
らない。

×〔2〕 強制採尿は、捜査上真にやむを得ないと認められる場合に、最終的手段として
行うことが許されるから、被疑者が錯乱状態に陥り任意の尿の提出が期待でき
ない場合には、<u>被疑者が錯乱状態を脱するのを待たなければならない。</u>
犯罪捜査上真にやむを得ない状況といえるため、強制採尿を行うことができる

×〔3〕 強制採尿は、「医師が医学的に相当な方法で行う」との条件が記載されている
<u>身体検査令状</u>によって行わなければならない。
捜索差押許可状

○〔4〕 強制採尿をする場合、強制採尿令状の効力として、必要最小限度の有形力を行
使して、被疑者を採尿に適する最寄りの場所まで強制的に連行することができる。

○〔5〕 採尿場所は、被疑者の身体の安全とその人格の保護の観点から、原則として病
院の診察室とすべきである。

×〔6〕 採尿令状を示す前に被疑者が観念して、自発的に採尿してこれを提出した場合
には強制採尿令状はその効力を失うから、尿を領置すべきである。
領置するのではなく、令状を示した上で差押手続をとる必要がある

✕〔7〕　強制採尿の最中に被疑者が暴れたため採尿に失敗したときは、<u>一度採尿を試み</u>
同一の強制採尿
<u>たときに強制採尿令状はその効力を失っているから、同一の強制採尿令状に</u>
令状によって再び強制採尿できる
<u>よって再び強制採尿することはできない。</u>

✕〔8〕　嚥下物を下剤により体外に排出させて採取する場合には、<u>捜索差押許可状と身</u>
捜索差押許可状と鑑
<u>体検査令状を併用しなければならない。</u>
定処分許可状

Chapter 6 電磁的記録に係る記録媒体の差押え

関係条文

.... **刑事訴訟法** ....

（電磁的記録に係る記録媒体の差押えの執行方法）

第110条の2 差し押さえるべき物が電磁的記録に係る記録媒体であるときは、差押状の執行をする者は、その差押えに代えて次に掲げる処分をすることができる。公判廷で差押えをする場合も、同様である。

一 差し押さえるべき記録媒体に記録された電磁的記録を他の記録媒体に複写し、印刷し、又は移転した上、当該他の記録媒体を差し押さえること。

二 差押えを受ける者に差し押さえるべき記録媒体に記録された電磁的記録を他の記録媒体に複写させ、印刷させ、又は移転させた上、当該他の記録媒体を差し押さえること。

（押収物の保管・廃棄）

第121条 運搬又は保管に不便な押収物については、看守者を置き、又は所有者その他の者に、その承諾を得て、これを保管させることができる。

② ・③ （略）

（捜査に必要な取調べ・通信履歴の電磁的記録の保全要請）

第197条 （略）

② （略）

③ 検察官、検察事務官又は司法警察員は、差押え又は記録命令付差押えをするため必要があるときは、電気通信を行うための設備を他人の通信の用に供する事業を営む者又は自己の業務のために不特定若しくは多数の者の通信を媒介することのできる電気通信を行うための設備を設置している者に対し、その業務上記録している電気通信の送信元、送信先、通信日時その他の通信履歴の電磁的記録のうち必要なものを特定し、30日を超えない期間を定めて、これを消去しないよう、書面で求めることができる。この場合において、当該電磁的記録について差押え又は記録命令付差押えをする必要がないと認めるに至つたときは、当該求めを取り消さなければならない。

④ ・⑤ （略）

（令状による差押え・記録命令付差押え・捜索・検証）

第218条 検察官、検察事務官又は司法警察職員は、犯罪の捜査をするについて必要があるときは、裁判官の発する令状により、差押え、記録命令付差押え、捜索又は検証をすることができる。この場合において、身体の検査は、身体検査令状によらなければ

ならない。

②　差し押さえるべき物が電子計算機であるときは、当該電子計算機に電気通信回線で接続している記録媒体であつて、当該電子計算機で作成若しくは変更をした電磁的記録又は当該電子計算機で変更若しくは消去をすることができることとされている電磁的記録を保管するために使用されていると認めるに足りる状況にあるものから、その電磁的記録を当該電子計算機又は他の記録媒体に複写した上、当該電子計算機又は当該他の記録媒体を差し押さえることができる。

③〜⑥　（略）

（差押え等の令状の方式）

第219条　前条の令状には、被疑者若しくは被告人の氏名、罪名、差し押さえるべき物、記録させ若しくは印刷させるべき電磁的記録及びこれを記録させ若しくは印刷させるべき者、捜索すべき場所、身体若しくは物、検証すべき場所若しくは物又は検査すべき身体及び身体の検査に関する条件、有効期間及びその期間経過後は差押え、記録命令付差押え、捜索又は検証に着手することができず令状はこれを返還しなければならない旨並びに発付の年月日その他裁判所の規則で定める事項を記載し、裁判官が、これに記名押印しなければならない。

②　前条第2項の場合には、同条の令状に、前項に規定する事項のほか、差し押さえるべき電子計算機に電気通信回線で接続している記録媒体であつて、その電磁的記録を複写すべきものの範囲を記載しなければならない。

③　（略）

（押収・捜索・検証に関する準用規定等）

第222条　第99条第1項、第100条、第102条から第105条まで、第110条から第112条まで、第114条、第115条及び第118条から第124条までの規定は、検察官、検察事務官又は司法警察職員が第218条、第220条及び前条の規定によつてする押収又は捜索について、第110条、第111条の2、第112条、第114条、第118条、第129条、第131条及び第137条から第140条までの規定は、検察官、検察事務官又は司法警察職員が第218条又は第220条の規定によつてする検証についてこれを準用する。ただし、司法巡査は、第122条から第124条までに規定する処分をすることができない。

②〜⑦　（略）

こんな問題が出る！

次は、電磁的記録に係る記録媒体の差押えに関する記述であるが、誤りはどれか。

〔1〕　差押えとは捜査機関が有体物の占有を強制的に取得する処分を指す概念であり、無体物である電磁的記録は差押えの対象とならないから、電磁的記録を強制的に取得するためには、それが記録等された電子計算機や記録媒体を差し押さえることになる。

〔2〕　令状により差し押さえようとする記録媒体の中に、被疑事実に関する情報が記録されているか否かをその場で確認していたのでは記録された情報を損壊されるおそれがあるときは、内容を確認することなしに差し押さえることが許される。

〔3〕　差押え対象物がノートパソコンである場合、これとインターネットで接続されているサーバに保管されている電子メールを受信した上で、その差押えを執行することができる。

〔4〕　持ち運ぶことすら困難な大型コンピュータについては、差し押さえた後、これを所有者その他の者にその承諾を得て保管させることができる。

〔5〕　司法警察員は、差押え又は記録命令付差押えをするため必要があるときは、電気事業者等に対し、その業務上記録している通信履歴の電磁的記録につき、30日を超えない期間を定めて、これを消去しないよう命ずることができる。

〔解答〕〔5〕

STEP 1

　差押えとは有体物の占有を強制的に取得する処分を指すため、無体物である電磁的記録は差押えの対象とならない。したがって、電磁的記録を強制的に取得するためには、それが記録等された電子計算機や記録媒体を差し押さえることになる。

STEP 2

　差し押さえるべき物が電子計算機（コンピュータ）である

ときは、電気通信回線（インターネット）でその電子計算機
と接続している記録媒体（サーバなど）に保管されている電
磁的記録（電子メールなど）をコピー（紙に印刷・複写・移
転）して差し押さえることができる。

　例えば、パソコンを差し押さえる際には、インターネット
を介して記録媒体（サーバなど）に保管されている電磁的記
録（電子メールなど）を、コピーして差し押さえるなどする
ことができる。

ここに Focus

5分

電磁的記録の差押え

❶　電子計算機に電気通信回線で接続している記録媒体から、電磁的記録をその電子計算機や他の記録媒体に複写した上、その電子計算機や他の記録媒体を差し押さえることができる。

❷　令状には、その電磁的記録を複写すべきものの範囲を記載しなければならない。

❸　電磁的記録に係る記録媒体の差押えに代えて、電磁的記録を他の記録媒体に複写し、印刷し、又は移転した上、当該他の記録媒体を差し押さえることもできる。

❹　令状により差し押さえようとする記録媒体の中に、被疑事実に関する情報が記録されているか否かをその場で確認していたのでは記録された情報を損壊されるおそれがあるときは、内容を確認することなしに差し押さえることが許される。
　　【判例A】

❺　差し押さえたパソコンに対する検証許可状を得て、差押え後に把握したパスワードを用いてサーバにアクセスし、メール等を閲覧、保存することはできない。
　　【判例B】

記録命令付差押え

❻　電磁的記録を保管する者等に命じて電磁的記録を記録媒体に記録させ、又は印刷させた上、その記録媒体を差し押さえることを記録命令付差押えという。

❼　記録命令付差押えについては、令状に、電磁的記録を記録させ若しくは印刷させるべき電磁的記録及びこれを記録させ若しくは印刷させるべき者を記載しなければならない。

保管委託

❽　運搬・保管に不便な物については、所有者などに、その承諾を得てこれを保管させることができる。

保全要請

❾　差押え・記録命令付差押えをするため必要があるときは、電気通信事業者等に対し、その業務上記録している通信履歴のうち必要なものを特定して、30日を超えない期間を定めて、これを消去しないよう書面で求めることができる。

判例
A

Ｑ パソコンなどの中に差し押さえるべき情報があるかどうかを確認せずに差し押さえることができるか？

Ａ できる場合がある。

差し押さえようとするパソコンなどの中に被疑事実に関する情報があるかどうかを確認していたのでは、情報が損壊されるおそれがある場合に、内容を確認せずに差押えをすることができるかどうかが問題となった事案。

最決平10.5.1
　令状により差し押さえようとするパソコン、フロッピーディスク等の中に被疑事実に関する情報が記録されている蓋然性が認められる場合において、そのような情報が実際に記録されているかをその場で確認していたのでは記録された情報を損壊される危険があるときは、内容を確認することなしに右パソコン、フロッピーディスク等を差し押さえることが許される。

判例
B

Ｑ パソコンを差し押さえた後、別件を被疑事実として当該パソコンに対する検証許可状を得て、差押え後に把握したパスワードを用いてサーバにアクセスし、メール等を閲覧、保存することはできるか？

Ａ できない。

捜索・差押えをした後、別の被疑事実につき当該パソコンに対する検証許可状を得てサーバにアクセスし、メール等を閲覧した行為が許されるかどうかが問題となった事案。

東京高判平28.12.7
　本件検証は、本件パソコンの内容を複製したパソコンからインターネットに接続してメールサーバにアクセスし、メール等を閲覧、保存した行為は、メールサーバの管理者等の権利・利益を侵害する強制処分であるから、本件検証許可状に基づいて行うことはできない。

PART 9
令状による捜索・差押え

○×問題で復習

7分

Q 〔1〕　差押えとは捜査機関が有体物の占有を強制的に取得する処分を指す概念であり、無体物である電磁的記録は差押えの対象とならないから、電磁的記録を強制的に取得するためには、それが記録等された電子計算機や記録媒体を差し押さえることになる。

〔2〕　差押え対象物がノートパソコンである場合、これとインターネットで接続されているサーバに保管されている電子メールを受信した上で、その差押えを執行することができる。

〔3〕　司法警察員は、差押え又は記録命令付差押えをするため必要があるときは、電気事業者等に対し、その業務上記録しているすべての通信履歴の電磁的記録につき、30日を超えない期間を定めて、これを消去しないよう命ずることができる。

〔4〕　差し押さえるべき物が電子計算機であるときは、令状にその電磁的記録を複写すべきものの範囲を記載しなければならない。

〔5〕　令状により差し押さえようとする記録媒体の中に、被疑事実に関する情報が記録されているか否かをその場で確認していたのでは記録された情報を損壊されるおそれがあるときは、内容を確認することなしに差し押さえることが許される。

〔6〕　記録命令付差押えについては、令状に、電磁的記録を記録させ若しくは印刷させるべき電磁的記録及びこれを記録させ若しくは印刷させるべき者を記載しなければならない。

〔7〕　運搬・保管に不便な物については、所有者などに、その承諾を得てこれを保管させることができる。

解答解説

○〔1〕　差押えとは捜査機関が有体物の占有を強制的に取得する処分を指す概念であり、無体物である電磁的記録は差押えの対象とならないから、電磁的記録を強制的に取得するためには、それが記録等された電子計算機や記録媒体を差し押さえることになる。

○〔2〕　差押え対象物がノートパソコンである場合、これとインターネットで接続されているサーバに保管されている電子メールを受信した上で、その差押えを執行することができる。

×〔3〕　司法警察員は、差押え又は記録命令付差押えをするため必要があるときは、電気事業者等に対し、その業務上記録しているすべての通信履歴の電磁的記録につ_{通信履歴の電磁的記録のうち必要なものを特定し}き、30日を超えない期間を定めて、これを消去しないよう命ずることができる。_{求めることができる}

○〔4〕　差し押さえるべき物が電子計算機であるときは、令状にその電磁的記録を複写すべきものの範囲を記載しなければならない。

○〔5〕　令状により差し押さえようとする記録媒体の中に、被疑事実に関する情報が記録されているか否かをその場で確認していたのでは記録された情報を損壊されるおそれがあるときは、内容を確認することなしに差し押さえることが許される。

○〔6〕 記録命令付差押えについては、令状に、電磁的記録を記録させ若しくは印刷させるべき電磁的記録及びこれを記録させ若しくは印刷させるべき者を記載しなければならない。

○〔7〕 運搬・保管に不便な物については、所有者などに、その承諾を得てこれを保管させることができる。

Part ⏱ **10**

令状によらない捜索・差押え

令状によらない捜索・差押え

Chapter **1**

30分

········· **刑事訴訟法** ···

（令状によらない差押え・捜索・検証）

第220条　検察官、検察事務官又は司法警察職員は、第199条の規定により被疑者を逮捕する場合又は現行犯人を逮捕する場合において必要があるときは、左の処分をすることができる。第210条の規定により被疑者を逮捕する場合において必要があるときも、同様である。

　　一　人の住居又は人の看守する邸宅、建造物若しくは船舶内に入り被疑者の捜索をすること。

　　二　逮捕の現場で差押、捜索又は検証をすること。

②　前項後段の場合において逮捕状が得られなかつたときは、差押物は、直ちにこれを還付しなければならない。第123条第3項の規定は、この場合についてこれを準用する。

③　第1項の処分をするには、令状は、これを必要としない。

④　第1項第2号及び前項の規定は、検察事務官又は司法警察職員が勾引状又は勾留状を執行する場合にこれを準用する。被疑者に対して発せられた勾引状又は勾留状を執行する場合には、第1項第1号の規定をも準用する。

こんな問題が出る！

次は、令状によらない捜索・差押えに関する記述であるが、誤りはどれか。

〔1〕 逮捕行為に着手していれば、現実に被疑者の逮捕に成功しなくとも、逮捕行為に着手した場所につき、令状によらないで捜索・差押えを行うことができる。

〔2〕 逮捕の現場において、令状なしに捜索・差押えをすることが法律上許されている趣旨は、そこに逮捕被疑事実に関連する証拠物が存在する可能性が高い点にあるから、差し押さえることができる物件は、逮捕被疑事実に直接関連するものに限られる。

〔3〕 被疑者を路上で逮捕したが、逮捕現場付近の状況に照らし、その場で直ちに捜索・差押えをすることが適当でないときは、速やかに、被疑者を最寄りの警察署、交番等へ連行した上で、これらの処分を実施することができる。

〔4〕 私人から現行犯逮捕した旨の通報を受けて直ちに逮捕の現場へ臨場した警察官は、その場で令状なしに捜索・差押えを行うことができる。

〔5〕 逮捕状が発付されている被疑者が、知人宅に潜伏していることが確実である場合、捜査機関は、当該知人の承諾が得られなくても、同人宅へ立ち入り、被疑者を捜索することができる。

〔解答〕〔4〕

STEP 1

　検察官、検察事務官又は司法警察職員は、被疑者を通常逮捕する場合又は現行犯逮捕、緊急逮捕をする場合において必要があるときは、令状なしに①および②ができる（220条1項、3項）。

　　① 人の住居又は人の看守する邸宅、建造物若しくは船舶内に入り被疑者の捜索をすること

　　② 逮捕の現場で差押え、捜索又は検証をすること

　また、検察事務官又は司法警察職員が勾引状又は勾留状を執行する場合にもその場で差押え、捜索又は検証ができ、こ

れに加えて被疑者に対して発せられた勾引状又は勾留状を執行する場合には人の住居等に入り被疑者を捜索することができる。これらの行為は令状を必要としない。

STEP 2

　捜索・差押えは強制処分であるため、原則として令状が必要であるが、通常逮捕、緊急逮捕、現行犯逮捕をする場合には、令状なしに、逮捕の現場で捜索・差押えや検証をすることができる（220条1項）。これは、逮捕の現場には被疑事実に関する証拠が存在する蓋然性があると考えられているからである。

　例えば、殺人現場には、凶器が落ちていたり、血痕が残っていたりする。逮捕の現場は、被疑事実に関する証拠が存在している可能性が非常に高いといえるため、裁判官による事前の審査（＝令状発付）が必要ない。そうすると、「逮捕の現場」とは、逮捕着手から逮捕完了までの場所で、逮捕の場所と同一管理処分権が及ぶ場所を指すことになる。

　例えば、ある家屋の一室で逮捕が行われた場合には、その家屋全体が逮捕の現場にあたるが、路上で被疑者を逮捕したときは、被疑者宅は逮捕の現場にはあたらない。被疑者が逃走した場合には、被疑者の逃走経路全体が逮捕の現場に含まれるため、逃走中に所持していた凶器などを投げ込んだ敷地や家屋内についても、差し押さえるべき物の存在が認められる限り捜索することができる。

蓋然性
「おそらくは当然そのようにそうなるだろう」、「ある程度は確実であろう」と考えられること。

ここに**Focus**

8分

逮捕する場合

❶　捜索・差押えと逮捕着手は時間的に接着していればよく、捜索・差押えが逮捕着手より先でもよい。【判例A】

❷　逮捕に成功する必要はなく、逮捕行為に着手していれば、捜索・差押えができる。

❸　被疑者宅に赴いたが、被疑者が不在であったときは、逮捕行為に着手したとはいえない。

❹　差し押さえることができるのは当該被疑事実に関する証拠のみで、逮捕の際に他の犯罪に関する証拠を発見しても、それを差し押さえることはできない。

❺　他の犯罪に関する証拠、例えば禁制品を発見したときは、その所持で現行犯逮捕をしてこれに伴う捜索・差押えをすることになる。

❻　緊急逮捕に伴って捜索・差押えをした場合で、その後逮捕状が得られなかったときは、差し押さえた物を直ちに還付しなければならない。

❼　私人が現行犯逮捕した後に現行犯人の引渡しを受けた警察官は、警察官自身が逮捕をしたわけではないから、令状なしに捜索・差押えをすることはできない。

逮捕の現場

❽　逮捕の現場とは、証拠が存在する蓋然性がある場所のことであるから、逮捕行為に着手した場所から逮捕が完了した場所までの間で、逮捕の場所と同一の管理権が及ぶ場所をいう。

❾　被疑者の逃走経路全体が逮捕の現場に含まれる。

❿　逮捕の現場で捜索・差押えをすることが適当でないときは、被疑者を最寄りの警察署・交番・駐在所等に連行した上で、捜索・差押えをすることができる。【判例B】

令状なしに行えること

⓫　逮捕の現場では人の住居・人の看守する邸宅等に入り、被疑者の捜索をすることができる。

⓬　逮捕状が発付されている被疑者が、知人宅に潜伏していることが確実である場合、捜査機関は、当該知人の承諾が得られなくても、同人宅へ立ち入り、被疑者

を捜索することができる。

⑬ 逮捕の現場で捜索・差押え、検証をすることができる。

⑭ 差し押さえることができるのは、逮捕被疑事実に直接関連するものに限られる。

勾引・勾留状の執行の場合

⑮ 勾引・勾留状を執行する場合にも、令状によらない捜索・差押えができる。

 2分

 Q 逮捕着手より先に捜索ができるか？

A 逮捕との時間的接着があればできる。

　被疑者不在であったため、帰宅次第緊急逮捕する態勢の下に捜索・差押えをし、その後これと時間的に接着して逮捕した場合、「逮捕する場合」ということができるかが問題となった事案。

> **最判昭36.6.7**
> 　「逮捕する場合において」とは、単なる時点よりも幅のある逮捕する際をいうのであり、逮捕との時間的接着を必要とするけれども、逮捕着手時の前後関係は問わないものと解すべきである。したがって、例えば、緊急逮捕のため被疑者方に赴いたところ、被疑者がたまたま他出不在であっても、帰宅次第緊急逮捕する態勢の下に捜索・差押えがなされ、かつ、これと時間的に接着して逮捕がなされる限り、その捜索・差押えは、なお、緊急逮捕する場合その現場でなされたということができる。

**判例
B** **Q** 捜索・差押えに適する最寄りの場所まで被疑者を連行することはできるか？

A 「逮捕の現場」における捜索・差押えと同視され、連行することができる。

　被疑者を捜索・差押えに適する最寄りの場所まで連行して捜索・差押え（準現行犯の現場から約３キロメートル、逮捕から約１時間後に差押え）を行った場合も、「逮捕の現場」で捜索・差押えをしたといえるかが問題となった事案。

> **最決平8.1.29**
> 　逮捕した被疑者の身体又は所持品に対する捜索・差押えをする場合においては、逮捕現場付近の状況に照らし、被疑者の名誉等を害し、被疑者らの抵抗による混乱を生じ、又は現場付近の交通を妨げるおそれがあるといった事情のため、その場で直ちに捜索・差押えを実施することが適当でないときには、速やかに被疑者を捜索・差押えの実施に適する最寄りの場所まで連行した上、これらの処分を実施することも、「逮捕の現場」における捜索・差押えと同視することができる。

○×問題で復習

Q 〔1〕 逮捕に伴って無令状で捜索・差押えをするためには、逮捕に成功していなければならない。

〔2〕 被疑者が不在であっても、帰宅次第緊急逮捕する態勢の下に捜索・差押えがなされ、かつ、これと時間的に接着して逮捕がなされれば、当該捜索・差押えは逮捕に伴うものとして許される。

〔3〕 捜索・差押えは逮捕着手より先に行うことができ、捜索・差押えと逮捕着手が時間的に接着していなくてもよい。

〔4〕 逮捕の際に他の犯罪に関する証拠を発見した場合に、その犯罪について現行犯逮捕をしたときは、令状なしにその犯罪の証拠物を差し押さえることができる場合がある。

〔5〕 緊急逮捕に伴って捜索・差押えをしたが、その後逮捕状が得られなかったときは、差し押さえた物を直ちに還付しなければならない。

〔6〕 私人が現行犯逮捕した後に現行犯人の引渡しを受けた警察官は、当該被疑事実について、令状なしに捜索・差押えをすることができる。

〔7〕 被疑者が逃走した場合、逃走中に所持していた凶器などを投げ込んだ敷地や家屋内を捜索することはできない。

〔8〕 路上で被疑者を逮捕したときは、被疑者宅も逮捕の現場にあたるので、被疑者宅を捜索・差押えすることができる。

〔9〕 逮捕の現場で捜索・差押えをすることが適当でないときであっても、被疑者を最寄りの警察署に連行するためには、令状が必要である。

〔10〕 逮捕の現場では、人の住居・人の看守する邸宅等に入り、被疑者の捜索をすることができる。

〔11〕 逮捕状を執行する場合にのみ、令状によらない捜索・差押えができる。

解答解説

×〔1〕　逮捕に伴って無令状で捜索・差押えをするためには、<u>逮捕に成功していなけれ</u>

　　　　逮捕行為に着手していれば、

　　　　<u>ばならない。</u>

　　　　成功していなくてもよい

○〔2〕　被疑者が不在であっても、帰宅次第緊急逮捕する態勢の下に捜索・差押えがな

　　　　され、かつ、これと時間的に接着して逮捕がなされれば、当該捜索・差押えは逮

　　　　捕に伴うものとして許される。

×〔3〕　捜索・差押えは逮捕着手より先に行うことができ、<u>捜索・差押えと逮捕着手が</u>

　　　　<u>時間的に接着していなくてもよい。</u>

　　　　時間的に接着していなければならない

○〔4〕　逮捕の際に他の犯罪に関する証拠を発見した場合に、その犯罪について現行犯

　　　　逮捕をしたときは、令状なしにその犯罪の証拠物を差し押さえることができる

　　　　場合がある。

○〔5〕　緊急逮捕に伴って捜索・差押えをしたが、その後逮捕状が得られなかったとき

　　　　は、差し押さえた物を直ちに還付しなければならない。

×〔6〕　<u>私人が現行犯逮捕した後に</u>現行犯人の引渡しを受けた警察官は、当該被疑事実

　　　　警察官自身が逮捕したわけではない

　　　　について、令状なしに捜索・差押えをすることが<u>できる。</u>

　　　　　　　　　　　　　　　　　　　　　　　　　　　　できない

×〔7〕　被疑者が逃走した場合、逃走中に所持していた凶器などを投げ込んだ敷地や家

　　　　　　　　　　　　　　　差し押さえるべき物の存在が認められる限り捜索するこ

　　　　<u>屋内を捜索することはできない。</u>

　　　　とができる

×〔8〕　路上で被疑者を逮捕したときは、被疑者宅も逮捕の現場にあたるので、被疑者
　　　　路上で被疑者を逮捕したときは、被疑者宅は逮捕の現場にはあたらない
　　　宅を<u>捜索・差押えすることができる。</u>
　　　　　　　　　　　　　できない

×〔9〕　逮捕の現場で捜索・差押えをすることが適当でないときであっても、被疑者を

　　　最寄りの警察署に連行するためには、令状が<u>必要</u>である。
　　　　　　　　　　　　　　　　　　　　　　　不要

○〔10〕　逮捕の現場では、人の住居・人の看守する邸宅等に入り、被疑者の捜索をする

　　　ことができる。

×〔11〕　逮捕状を執行する場合に<u>のみ</u>、令状によらない捜索・差押えができる。
　　　　　　　　勾引・勾留状を執行する場合にも、令状によらない捜索・差押えができる

Part **11**

公訴・公判

公　訴

関係条文

·········· **刑事訴訟法** ··········

（国家訴追主義）
第247条　公訴は、検察官がこれを行う。
（起訴便宜主義）
第248条　犯人の性格、年齢及び境遇、犯罪の軽重及び情状並びに犯罪後の情況により訴追を必要としないときは、公訴を提起しないことができる。
（公訴の効力の人的範囲）
第249条　公訴は、検察官の指定した被告人以外の者にその効力を及ぼさない。
（起訴状の訴因・罰条）
第256条　公訴の提起は、起訴状を提出してこれをしなければならない。
②　起訴状には、左の事項を記載しなければならない。
　一　被告人の氏名その他被告人を特定するに足りる事項
　二　公訴事実
　三　罪名
③　公訴事実は、訴因を明示してこれを記載しなければならない。訴因を明示するには、できる限り日時、場所及び方法を以て罪となるべき事実を特定してこれをしなければならない。
④　罪名は、適用すべき罰条を示してこれを記載しなければならない。但し、罰条の記載の誤は、被告人の防禦に実質的な不利益を生ずる虞がない限り、公訴提起の効力に影響を及ぼさない。
⑤　数個の訴因及び罰条は、予備的に又は択一的にこれを記載することができる。
⑥　起訴状には、裁判官に事件につき予断を生ぜしめる虞のある書類その他の物を添附し、又はその内容を引用してはならない。

こんな問題が出る!

次は、公訴に関する記述であるが、誤りはどれか。 ③分

〔1〕 公訴は、検察官の指定した被告人以外の者に対しては、その効力を及ぼさない。

〔2〕 起訴状には、被告人の氏名その他被告人を特定するに足りる事項、公訴事実、罪名を記載しなければならない。

〔3〕 公訴の提起は、起訴状を提出してこれをしなければならない。

〔4〕 起訴状には、裁判官に予断を生ぜしめるおそれのある書類の添付等が禁止されている。

〔5〕 公訴の提起は捜査機関又は検察官が行う。

〔解答〕〔5〕

STEP **1**

公訴とは、公の立場でなされる刑事手続上の訴えのことである。公訴の提起の権限は検察官にのみある。また、公訴の提起にあたっては、起訴状の提出がなされなければならない。

STEP **2**

公訴を提起することができるのは検察官のみである（247条）。これを「起訴独占主義」という。公益の代表者である検察官に公訴の提起を任せることで、適正・公平な公訴を実現することが目的である。検察官は訴追の必要がないと思えば、起訴しないこともできる（248条）。これを「起訴便宜主義」という。したがって、告訴などがあった事件であっても、起訴するかどうかは検察官次第となる。

公訴の提起は起訴状を提出して行うとされており（256条1項）、口頭での起訴は禁止されている。起訴状では、誰を被告人として、どのような事実で、何の罪について公訴を提起するのかを明らかにしなければならない（256条2項1号〜3号）。

　起訴状には、裁判官に事件について予断を生じさせるおそ
れのある書類などを添付したり引用したりすることができな
い（256条6項）。これを、「起訴状一本主義」という。事件と
は無関係な被告人の前科などを詳細に記載すると、裁判官が
影響を受けてしまう可能性があるからである。

ここに **Focus**

公訴提起の権限

❶　公訴提起の権限は、検察官のみにある（起訴独占主義）。

❷　検察官は訴追を必要としないときは、起訴をしないことができる（起訴便宜主義）。

公訴提起の効力

❸　公訴の効力は、検察官の指定した被告人にのみ及ぶ。

起訴状

❹　公訴の提起は、起訴状を提出してしなければならない。

❺　起訴状には、被告人の氏名その他被告人を特定するに足りる事項、公訴事実、罪名を記載しなければならない。

❻　起訴状には、裁判官に予断を生ぜしめるおそれのある書類の添付等が禁止されている（起訴状一本主義）。

○×問題で復習

Q　〔1〕　公訴提起の権限は、検察官及び司法警察員に属する。

〔2〕　公訴の効力は、検察官の指定した被告人にのみ及ぶ。

〔3〕　公訴の提起は起訴状を提出してしなければならないが、その添付書類に制限はない。

〔4〕　起訴状には、被告人の氏名のみ記載すればよい。

解答解説

✕〔1〕 公訴提起の権限は、<u>検察官及び司法警察員</u>に属する。
検察官のみ

○〔2〕 公訴の効力は、検察官の指定した被告人にのみ及ぶ。

✕〔3〕 公訴の提起は起訴状を提出してしなければならないが、<u>その添付書類に制限は</u>
裁判官に予断を生ぜし
<u>ない</u>。
めるおそれのある書類の添付等は禁止されている

✕〔4〕 起訴状には、<u>被告人の氏名のみ記載</u>すればよい。
氏名その他被告人を特定するに足りる事項、公訴事実、罪名を記載しなければならない

公訴時効　 21分

関係条文

········ **刑事訴訟法** ········

（公訴時効期間）

第250条　時効は、人を死亡させた罪であつて禁錮以上の刑に当たるもの（死刑に当たる
　　ものを除く。）については、次に掲げる期間を経過することによつて完成する。
　　一　無期の懲役又は禁錮に当たる罪については30年
　　二　長期20年の懲役又は禁錮に当たる罪については20年
　　三　前2号に掲げる罪以外の罪については10年
②　時効は、人を死亡させた罪であつて禁錮以上の刑に当たるもの以外の罪については、
　　次に掲げる期間を経過することによつて完成する。
　　一　死刑に当たる罪については25年
　　二　無期の懲役又は禁錮に当たる罪については15年
　　三　長期15年以上の懲役又は禁錮に当たる罪については10年
　　四　長期15年未満の懲役又は禁錮に当たる罪については7年
　　五　長期10年未満の懲役又は禁錮に当たる罪については5年
　　六　長期5年未満の懲役若しくは禁錮又は罰金に当たる罪については3年
　　七　拘留又は科料に当たる罪については1年
　（時効の起算点）

第253条　時効は、犯罪行為が終つた時から進行する。
②　共犯の場合には、最終の行為が終つた時から、すべての共犯に対して時効の期間を
　　起算する。
　（公訴の提起と時効の停止）

第254条　時効は、当該事件についてした公訴の提起によつてその進行を停止し、管轄違
　　又は公訴棄却の裁判が確定した時からその進行を始める。
②　共犯の一人に対してした公訴の提起による時効の停止は、他の共犯に対してその効
　　力を有する。この場合において、停止した時効は、当該事件についてした裁判が確定
　　した時からその進行を始める。
　（その他の理由による時効の停止）

第255条　犯人が国外にいる場合又は犯人が逃げ隠れているため有効に起訴状の謄本の
　　送達若しくは略式命令の告知ができなかつた場合には、時効は、その国外にいる期間
　　又は逃げ隠れている期間その進行を停止する。

② 犯人が国外にいること又は犯人が逃げ隠れているため有効に起訴状の謄本の送達若しくは略式命令の告知ができなかつたことの証明に必要な事項は、裁判所の規則でこれを定める。

（免訴の判決）

第337条　左の場合には、判決で免訴の言渡をしなければならない。

一～三　（略）

四　時効が完成したとき。

こんな問題が出る！

次は、公訴時効に関する記述であるが、誤りはどれか。

〔1〕 時効は、当該事件についてした公訴の提起によってその進行を停止し、管轄違い又は公訴棄却の裁判が確定した時からその進行を始める。

〔2〕 共犯の一人に対してした公訴の提起による時効の停止は、他の共犯に対してその効力を有する。

〔3〕 犯人が国外にいる場合又は犯人が逃げ隠れているため有効に起訴状の謄本の送達若しくは略式命令の告知ができなかった場合には、時効は、その国外にいる期間又は逃げ隠れている期間その進行を停止する。

〔4〕 殺人の実行行為をしたところ、被害者がその3年後に死亡し、行為と死の結果との間に相当因果関係が認められる場合には、公訴時効は、被害者が死亡した時点からその進行を始める。

〔5〕 窃盗の教唆をしたところ、被教唆者がその1か月後に窃盗を実行した場合、教唆者につき成立する教唆犯の公訴時効は、教唆行為の終了時点からその進行を始める。

〔解答〕〔5〕

STEP 1

公訴時効とは、犯罪行為が終わった時から一定の期間の経過により公訴権を消滅させることである（253条1項）。

STEP 2

公訴時効という制度があるのは、期間の経過によって、証拠がなくなってしまったり、処罰感情が薄れたりするからである。

共犯の場合にはそれぞれの犯罪行為の終わる時がバラバラであるため、統一を図るために、最終の行為が終わった時から、すべての共犯に対して時効の期間を起算するとされている（253条2項）。例えば、AとBが共犯として詐欺を行った場合に、Aが被害者をだまし、その1か月後にBがお金を受け取ったというときには、Bの行為が終わった時から、AとBについて時効の期間が起算される。

公訴時効は、①公訴の提起があった場合（254条1項）、②犯人が国外にいる場合や犯人が逃げ隠れている場合には停止する（255条1項）。

①については、検察官が公訴を提起すれば、検察官の訴追の意思が表明されたことになるため、時効が停止するとされているのであり、そうすると、②のように犯人側の事情によって手続を進められない場合にも時効は停止するということになる。

また、共犯の一人に対して公訴を提起した場合には、もちろんその者については時効が停止するが、それに加えて他の共犯についても時効が停止する（254条2項）。これは、共犯間の公平の観点から、時効の停止の統一を図るものである。

なお、時効完成後に公訴が提起されたときは、免訴の判決がなされる。

免訴
有罪か無罪かを判断せずに、刑事裁判の手続を打ち切る判決のことである。

ここに **Focus**

時効の起算点

① 時効は、犯罪行為が終わった時から進行する。

② 犯罪の結果が被害者の「死」である場合、時効は被害者が死亡した時点（犯罪の結果も「犯罪行為」）からその進行を始める。【判例A】

③ 共犯の場合には、起算点を統一するため、最終の行為が終わった時（最後の犯罪行為の終了時点）から、すべての共犯（教唆犯、幇助犯、共同正犯）に対して時効の期間を起算する。

時効の停止

④ 時効の「停止」とは、一時的に進行を停止することであるから、停止前の経過期間は停止事由が消滅した後の経過期間と合算される。

⑤ 時効は公訴を提起することによって進行を停止し、管轄違い・公訴棄却の裁判が確定した時からその進行を始める。

⑥ 共犯の一人に対してした公訴の提起による時効の停止は、公平の観点から、他の共犯に対しても効力がある。

⑦ 犯人が国外にいる場合・犯人が逃げ隠れているため有効に起訴状の謄本の送達や略式命令の告知ができなかった場合には、捜査権を及ぼしにくく、審理の手続を進めることができないため、その国外にいる期間・逃げ隠れている期間は時効の進行は停止する。

⑧ 一時的な海外渡航による場合であっても、犯人が国外にいる間は時効の進行は停止する。【判例B】

判例
A

Q 被害者に危害を加えてから、死亡するまでに時間が空いた場合、公訴時効の進行はいつから開始するか？

A 被害者が死亡した時点から。

公訴時効の進行は被害者死亡の時点から開始するのかが問題となった事案。

> **最決昭63.2.29**
> 　公訴時効の起算点に関する刑訴法253条１項にいう「犯罪行為」とは、刑法各本条所定の結果をも含む趣旨と解するのが相当であるから、Aを被害者とする業務上過失致死罪の公訴時効は、当該犯罪の終了時である同人死亡の時点から進行を開始する。

判例
B

Q 一時的な海外渡航の場合でも、時効の進行は停止するか？

A 停止する。

犯人が国外にいる場合には公訴時効の進行は停止するが、これに一時的な海外旅行が含まれるかどうかが問題となった事案。

> **最決平21.10.20**
> 　犯人が国外にいる間は、それが一時的な海外渡航による場合であっても、公訴時効はその進行を停止する。

○×問題で復習

Q　〔1〕　時効は犯罪行為が終わった時から進行するが、この「犯罪行為」には結果は含まれず、実行行為のみを指す。

〔2〕　甲が正犯である乙の窃盗の実行行為を幇助した場合、甲につき成立する幇助犯の公訴時効は、幇助行為の終了時点からその進行を始める。

〔3〕　時効が停止したがその停止事由が消滅した場合、そこから新たに公訴時効の起算が開始される。

〔4〕　公訴を提起すると当該事件について時効の進行は停止し、管轄違い・公訴棄却の裁判が確定した時からその進行を始める。

〔5〕　共犯A・B・Cのうち、Aに対して公訴を提起した場合、時効が停止するのはAに対してのみである。

〔6〕　犯人が一時的に海外に渡航している場合には、捜査権を及ぼすことは現実的に困難ではないから、犯人が国外にいる間も時効の進行は停止しない。

〔7〕　時効完成後に公訴が提起されたときは、免訴の判決がなされる。

解答解説

×〔1〕 時効は犯罪行為が終わった時から進行するが、この「犯罪行為」には結果は含
　　　　　　　　　　　　　　　　　　　　　　　　　　　　　　結果も犯
まれず、実行行為のみを指す。
罪行為に含まれる

×〔2〕 甲が正犯である乙の窃盗の実行行為を幇助した場合、甲につき成立する幇助犯

の公訴時効は、幇助行為の終了時点からその進行を始める。
　　　　　　　　　共犯の場合には、最後の犯罪行為の終了時点から時効の期間を起算する

×〔3〕 時効が停止したがその停止事由が消滅した場合、そこから新たに公訴時効の起
　　　　　　　　　　　　　　　　　　　　　　　　　停止前の経過期間は停止事由が消
算が開始される。
滅した後の経過期間と合算される

○〔4〕 公訴を提起すると当該事件について時効の進行は停止し、管轄違い・公訴棄却

の裁判が確定した時からその進行を始める。

×〔5〕 共犯A・B・Cのうち、Aに対して公訴を提起した場合、時効が停止するのはA
　　　　　　　　　　　　　　　　　　　　　　　　　　　BとCにも効力がある
に対してのみである。

×〔6〕 犯人が一時的に海外に渡航している場合には、捜査権を及ぼすことは現実的に

困難ではないから、犯人が国外にいる間も時効の進行は停止しない。
犯人が国外にいる間は、一時的な海外渡航による場合であっても時効の進行は停止する

○〔7〕 時効完成後に公訴が提起されたときは、免訴の判決がなされる。

即決裁判手続 (18分)

関係条文

········· **刑事訴訟法** ·········

（即決裁判の申立て）

第350条の16 検察官は、公訴を提起しようとする事件について、事案が明白であり、かつ、軽微であること、証拠調べが速やかに終わると見込まれることその他の事情を考慮し、相当と認めるときは、公訴の提起と同時に、書面により即決裁判手続の申立てをすることができる。ただし、死刑又は無期若しくは短期１年以上の懲役若しくは禁錮に当たる事件については、この限りでない。

② 前項の申立ては、即決裁判手続によることについての被疑者の同意がなければ、これをすることができない。

③ 検察官は、被疑者に対し、前項の同意をするかどうかの確認を求めるときは、これを書面でしなければならない。この場合において、検察官は、被疑者に対し、即決裁判手続を理解させるために必要な事項（被疑者に弁護人がないときは、次条の規定により弁護人を選任することができる旨を含む。）を説明し、通常の規定に従い審判を受けることができる旨を告げなければならない。

④ 被疑者に弁護人がある場合には、第１項の申立ては、被疑者が第２項の同意をするほか、弁護人が即決裁判手続によることについて同意をし又はその意見を留保しているときに限り、これをすることができる。

⑤ 被疑者が第２項の同意をし、及び弁護人が前項の同意をし又はその意見を留保するときは、書面でその旨を明らかにしなければならない。

⑥ 第１項の書面には、前項の書面を添付しなければならない。

（公的弁護人の選任）

第350条の17 前条第３項の確認を求められた被疑者が即決裁判手続によることについて同意をするかどうかを明らかにしようとする場合において、被疑者が貧困その他の事由により弁護人を選任することができないときは、裁判官は、その請求により、被疑者のため弁護人を付さなければならない。ただし、被疑者以外の者が選任した弁護人がある場合は、この限りでない。

② 第37条の３の規定は、前項の請求をする場合についてこれを準用する。

（公判期日の指定）

第350条の21 裁判長は、即決裁判手続の申立てがあつたときは、検察官及び被告人又は弁護人の意見を聴いた上で、その申立て後（前条第１項に規定する場合においては、同

項の同意があつた後）、できる限り早い時期の公判期日を定めなければならない。
（即日判決の言渡し）
第350条の28　裁判所は、第350条の22の決定があつた事件については、できる限り、即
　　日判決の言渡しをしなければならない。
（控訴の制限）
第403条の2　即決裁判手続においてされた判決に対する控訴の申立ては、第384条の規
　　定にかかわらず、当該判決の言渡しにおいて示された罪となるべき事実について第382
　　条に規定する事由があることを理由としては、これをすることができない。
②　（略）
（略式命令）
第461条　簡易裁判所は、検察官の請求により、その管轄に属する事件について、公判前、
　　略式命令で、100万円以下の罰金又は科料を科することができる。この場合には、刑の
　　執行猶予をし、没収を科し、その他付随の処分をすることができる。

.... **刑事訴訟規則** ....

（公判期日の指定・法第350条の21）
第222条の18　法第350条の21の公判期日は、できる限り、公訴が提起された日から14日
以内の日を定めなければならない。

こんな問題が出る！

次は、即決裁判手続に関する記述であるが、誤りはどれか。

〔1〕　裁判長は、即決裁判手続が適用される事件については、起訴された日から、
　　　できる限り3週間以内に公判期日を指定しなければならない。
〔2〕　略式命令手続は、簡易裁判所が検察官の請求により、公判前に一定金額以
　　　下の罰金又は科料を科する手続で公判は開かれないが、即決裁判手続による
　　　場合には、原則として1日だけとはいえ公判が開かれる。
〔3〕　即決裁判手続対象事件については、法令上、法定刑による制限を除き、罪
　　　種・罪名による制限はないが、類型的な即決対象事件としては、簡易な薬物
　　　の所持・使用、不法在留及び現行犯逮捕に係る万引き等が該当する。
〔4〕　即決裁判手続は、争いのない明白軽微な事件について、被疑者の同意等を
　　　要件として、検察官が起訴と同時に申立てをするものである。
〔5〕　被告人は、即決裁判の判決に対して、判決において示された罪となるべき
　　　事実の誤認を理由として控訴を申し立てることができない。

〔解答〕〔1〕

STEP **1**

　即決裁判手続とは、検察官が公判請求と同時に申し立てることによって、裁判所が即日判決を下す手続のことである。
　ただし、軽微な事件に限られ、死刑又は無期若しくは短期1年以上の懲役若しくは禁錮にあたる事件は即決裁判手続はできない。

STEP **2**

　検察官は、公訴を提起しようとする事件について、事案が明白であり、かつ、軽微であること、証拠調べが速やかに終わると見込まれることその他の事情を考慮し、相当と認めるときは、公訴の提起と同時に、書面により即決裁判手続の申立てをすることができる。

即決裁判手続と略式手続の異同

	即決裁判手続	略式手続
要　件	①検察官による申立て ②被疑者の同意 ③弁護人の同意又は意見の留保 　※弁護人がいる場合 ④事案が明白軽微 ⑤死刑、無期、短期1年以上の懲役・禁錮にあたる事件でないこと ⑥証拠調べが速やかに終わるとの見込みがあること	①検察官による申立て ②被疑者に異議がないこと ③簡易裁判所に属する事件であること ④100万円以下の罰金・科料を科し得る事案であること
公　判	開かれる	開かれない
判　決	原則、即日判決	略式命令

ここに **Focus**

即決裁判手続の申立て

❶　即決裁判手続は、検察官が公判請求と同時に申し立てることによるが、申立てには被疑者の書面による同意が必要である。被疑者に弁護人がいる場合は弁護人の同意又は意見の留保も必要である。

❷　即決裁判手続は、事案が明白で軽微な事件についてのみ申立てが可能であり、例えば、簡易な薬物の所持・使用、不法在留及び現行犯逮捕に係る万引き等がこれにあたる。

❸　即決裁判手続は、死刑又は無期若しくは短期１年以上の懲役若しくは禁錮にあたる事件については申立てできない。

期日の指定

❹　裁判長は、即決裁判手続が適用される事件については、起訴された日から、できる限り14日以内に公判期日を指定しなければならない。

即決裁判手続における審理

❺　即決裁判手続は簡易な手続ではあるが、公判手続であることに変わりはないから、１日ではあるが公判が開かれる。

❻　簡易な手続である略式手続は、検察官の請求により簡易裁判所が公判を開かずに100万円以下の罰金・科料を科す手続であり、即決裁判手続とは異なる。

❼　即決裁判手続では、即日判決が原則である。

控訴の制限

❽　被告人は、即決裁判の判決に対して、罪となるべき事実の誤認を理由として控訴を申し立てることができない。

○×問題で復習

Q 〔1〕 裁判長は、即決裁判手続が適用される事件については、起訴された日から、できる限り1か月以内に公判期日を指定しなければならない。

〔2〕 略式手続及び即決裁判手続においては、手続をできるだけ迅速に行う必要性から、公判は開かれない。

〔3〕 即決裁判手続の対象には法定刑による制限がある。また、明白軽微な事件でなければ同手続をとることはできず、類型的には、簡易な薬物の所持・使用、不法在留及び現行犯逮捕に係る万引き等がこれに該当する。

〔4〕 即決裁判手続は、検察官が公判請求と同時に申し立てることによるが、申立てには被疑者等の書面による同意が必要である。

〔5〕 即決裁判手続では、原則として公判開始後1週間以内に判決が下される。

〔6〕 即決裁判の判決も判決であることに変わりはないから、判決において示された罪となるべき事実の誤認を理由として控訴を申し立てることができる。

285

解答解説

×〔1〕　裁判長は、即決裁判手続が適用される事件については、起訴された日から、できる限り1か月以内に公判期日を指定しなければならない。
14日

×〔2〕　略式手続及び即決裁判手続においては、手続をできるだけ迅速に行う必要性から、公判は開かれない。
即決裁判手続は簡易な手続ではあるが、公判手続であることには変わりはないから、1日であるが公判は開かれる

○〔3〕　即決裁判手続の対象には法定刑による制限がある。また、明白軽微な事件でなければ同手続をとることはできず、類型的には、簡易な薬物の所持・使用、不法在留及び現行犯逮捕に係る万引き等がこれに該当する。

○〔4〕　即決裁判手続は、検察官が公判請求と同時に申し立てることによるが、申立てには被疑者等の書面による同意が必要である。

×〔5〕　即決裁判手続では、原則として公判開始後1週間以内に判決が下される。
即日判決が原則である

×〔6〕　即決裁判の判決も判決であることに変わりはないから、判決において示された罪となるべき事実の誤認を理由として控訴を申し立てることができる。
できない

Part **12**

証拠能力

違法収集証拠排除法則

次は、違法収集証拠の証拠能力に関する記述であるが、誤りはどれか。

〔1〕　住所は適切であるが氏名に誤記のある令状に基づく捜索により発見され、差し押さえられた証拠については、証拠の押収過程における違法の程度が軽微であるので、証拠能力が否定されることはない。

〔2〕　令状による捜索において覚醒剤が発見された後、警察官が被疑者の発言に触発されて被疑者に暴力を振るった場合、暴行と発見の間に因果関係はないため、捜索の結果得られた覚醒剤の証拠能力は否定されない。

〔3〕　自白を内容とする供述証拠は、証拠物と同じであるため、違法収集証拠排除ができない理由はなく、手続の違法が重大であり、これを証拠とすることが違法捜査抑制の見地から相当でない場合には、証拠能力を否定するべきであると考えられる。

〔4〕　捜索差押許可状の発付にあたり、疎明資料とされた尿に関する鑑定書が違法収集証拠として証拠能力を否定される場合には、同許可状により押収された覚醒剤及びこれに関する鑑定書にも違法性が承継され、それらの証拠能力は当然に否定される。

〔5〕　事実上の身柄拘束ともいえる長期間に及ぶ違法な取調べ中に獲得された証拠はその違法性の程度が重大であると判断された場合、証拠能力が否定される。

〔解答〕〔4〕

STEP 1

　違法収集証拠排除法則とは、証拠の収集手続が違法であった場合にその証拠能力を否定し、事実認定の資料から排除する原則のことである。

STEP 2

　証拠物の押収手続に①令状主義の精神を没却するような重大な違法があり、②これを証拠として許容することが将来における違法な捜査の抑制の見地からして相当でない場合には当該証拠物の証拠能力は否定される。

　判例では、一例として、9泊10日にわたる宿泊を伴う違法な取調べ中に獲得された上申書と、これに引き続く逮捕・勾留中に獲得された検察官調書は、その違法性の程度が重大（重大な違法）であるため、証拠能力はないとされた。

　また、違法に収集した証拠に基づいて発見された証拠のことを派生的証拠という。派生的証拠については、一次的証拠を収集した違法性の程度と、一次的証拠と派生的証拠との関連性の程度で、証拠能力の有無を決する。

　一次的証拠と派生的証拠との関連性が希釈されている場合や、派生的証拠が違法性のある捜査とは独立した捜査によっても発見できたであろうと判断される場合には、派生的証拠に証拠能力が認められる。

PART 12　証拠能力

違法収集証拠排除に関する判例
①先行手続の違法性の程度と、②証拠収集手続と先行手続との関連性をみれば、判例を理解できる。例えば、最判昭63.9.16は、意思に反して警察署に連行（＝先行手続）→その状況を直接利用して所持品検査・採尿（証拠収集手続）という事案だが、②証拠収集手続と先行手続との関連性はあるものの、①先行手続の違法が重大ではないから、証拠能力が認められるとしている。

ここに Focus

違法収集証拠排除

❶　証拠物の押収手続に令状主義の精神を没却するような重大な違法があり、これを証拠として許容することが将来における違法な捜査の抑制の見地からして相当でない場合には証拠能力が否定される。

❷　被疑者の意思に反する取調べをするために連行されていた場合、その時点で既に逮捕が許されるような状態であれば、その連行中に発見された物（覚醒剤等）の証拠能力は否定されない。【判例A】

❸　違法行為とは因果関係なく見つかった証拠の証拠能力は否定されない。【判例B】

❹　一連の手続のうち、一部が違法であっても、その後適法に手続が行われていれば、全体として見て、違法の程度は重大でない場合は、それにより得られた証拠の証拠能力は否定されない。【判例C】

【違法収集証拠に関する判例】

判例年月日	先行手続の違法性の程度	先行手続との関連性	結　論
最判昭63.9.16【判例A】	意思に反して警察署に連行→違法だが、その程度は重大であるとはいえない	その状況を直接利用して所持品検査・採尿→関連性あり	覚醒剤に証拠能力あり
最決平8.10.29【判例B】	被疑者に暴行→違法	捜索で覚醒剤を発見したが、暴行は覚醒剤発見の後→関連性なし	覚醒剤に証拠能力あり
最判平6.9.16【判例C】	6時間半以上現場に留置き→違法だが、その程度は重大であるとはいえない	留置きに引き続き強制採尿→関連性あり	尿の鑑定書に証拠能力あり

東京高判平14.9.4 【判例D】	9泊10日にわたる宿泊を伴う取調べ（事実上の身柄拘束ともいえる任意取調べ） →重大な違法	取調べ中に上申書獲得、引き続く逮捕・勾留中に検察官調書獲得 →関連性あり	上申書・検察官調書に証拠能力なし
最判昭61.4.25 【判例F】	承諾なしに被疑者宅に立ち入り、承諾なしに警察署に同行させた上、退去の申し出に応じず警察署に留め置き →違法だが、その程度は重大であるとはいえない	一連の手続と同一目的で手続を直接利用して採尿 →関連性あり	尿の鑑定書に証拠能力あり
最判平15.2.14 【判例G】	逮捕状の呈示なしに逮捕後、逮捕状に虚偽記載をし、内容虚偽の捜査報告書を作成 →重大な違法	逮捕当日に採尿・鑑定書作成 →密接に関連	尿・その鑑定書に証拠能力なし

【派生的証拠に関する判例】

判例年月日	第一次証拠収集手続の違法性の程度	第一次証拠と派生的証拠との関連性	結　論
最判平15.2.14 【判例G】	逮捕状の呈示なしに逮捕後、逮捕状に虚偽記載をし、内容虚偽の捜査報告書を作成 →重大な違法 その後採尿、鑑定書を作成	司法審査を経て発付された捜索差押許可状により覚醒剤を差押え →密接に関連したものではない	覚醒剤・その鑑定書に証拠能力あり

Q 意思に反した連行中に被疑者が落とした覚醒剤に証拠能力はあるか？

A 証拠能力は否定されない。

違法に連行した後、採尿したが、その連行の際に、被疑者が覚醒剤を落としたため、これを差し押さえた事案。

> **最判昭63.9.16**
> 　警察官が被告人をその意思に反して警察署に連行し、その状況を直接利用して所持品検査及び採尿を行った手続は違法だが、連行の際に被告人が落とした紙包みの中身が覚醒剤であると判断され、その時点で被告人を逮捕することが許されたのだから、その違法の程度はいまだ重大であるとはいえず、得られた覚醒剤等の証拠の証拠能力は否定されない。

Q 捜索の際、警察官が被告人に暴行を加えた場合、その捜索で発見された覚醒剤に証拠能力はあるか？

A 証拠能力は否定されない。

捜索において覚醒剤を発見した後、警察官が被告人に暴行を加えた事案。

> **最決平8.10.29**
> 　令状に基づく捜索の現場で警察官が被告人に暴行を加えた違法行為があっても、その暴行の時点は証拠物たる覚醒剤発見の後であり、被告人の発言に触発されて行われたものであって、証拠物の発見を目的とし捜索に利用するために行われたものではないから、覚醒剤の証拠能力を否定することはできない。

判例
C

Q 6時間半以上現場に留め置いた後強制採尿をした場合、その尿の鑑定書
に証拠能力はあるか？

A 証拠能力は否定されない。

違法な留め置き後に強制採尿をした事案。

最判平6.9.16

　覚醒剤使用の嫌疑のある被疑者に対し、自動車のエンジンキーを取り上
げるなどして運転を阻止した上、<u>任意同行を求めて約6時間半以上にわた
り職務質問の現場に留め置いた</u>警察官の措置は、任意捜査として許容され
る範囲を逸脱し、違法であるが、被疑者が覚醒剤中毒をうかがわせる異常
な言動を繰り返していたことなどから運転を阻止する必要性が高く、その
ために警察官が行使した有形力も必要最小限度の範囲にとどまり、被疑者
が自ら運転することに固執して任意同行をかたくなに拒否し続けたために
説得に長時間を要したものであるほか、<u>その後引き続き行われた強制採尿
手続自体に違法性がない</u>などの事情の下においては、一連の手続を全体と
してみてもその違法の程度はいまだ重大であるとはいえず、<u>強制採尿手続
により得られた尿についての鑑定書の証拠能力は否定されない</u>。

判例
D

Q 9泊10日の宿泊を伴う事実上の身柄拘束ともいえる違法な取調べ中に獲得された上申書と、これに引き続く逮捕・勾留中に獲得された検察官調書に証拠能力はあるか？

A 証拠能力は否定される。

違法な取調べによって証拠を獲得した事案。

> **東京高判平14.9.4**
>
> 　本件上申書は、任意取調べの最後の日に被告人が作成した書面であって、この任意取調べの結果得られたものである。また、検察官調書は、本件上申書が有力な証拠となって逮捕、勾留の手続に移行した過程で得られた証拠である。また、被告人は、事実上の身柄拘束にも近い9泊の宿泊を伴った連続10日間の取調べを受けており、本件検察官調書作成時はいまだ被告人が違法な任意取調べの影響下にあった。そうすると、本件上申書及び検察官調書における自白は、違法な捜査手続により獲得された証拠である。本件は殺人という重大事件であるが、事実上の身柄拘束にも近い9泊の宿泊を伴った連続10日間の取調べは明らかに行き過ぎであって、違法は重大であり、違法捜査抑制の見地からしても証拠能力を付与するのは相当ではない。したがって、本件証拠の証拠能力は否定される。

判例
E

Q 自白を内容とする供述証拠についても違法収集証拠排除法則は適用されるか？

A 適用される。

違法収集証拠排除法則が物証だけではなく、自白にも適用されるかどうかが問題となった事案。

> **東京高判平14.9.4**
>
> 　自白を内容とする供述証拠についても、証拠物の場合と同様、違法収集証拠排除法則を採用できない理由はないから、手続の違法が重大であり、これを証拠とすることが違法捜査抑制の見地から相当でない場合には、証拠能力を否定すべきであると考える。

判例

F

Q 被疑者宅寝室内に承諾なしに立ち入り、警察署に任意同行した後に提出された尿の鑑定書に証拠能力はあるか？

A 証拠能力は否定されない。

　警察官が被疑者宅寝室内に承諾なしに立ち入り、承諾のないまま同人を警察署に任意同行したうえ、退去の申し出にも応じず同署に留め置くなど、任意捜査の域を逸脱した一連の手続に引き続いて尿の提出、押収が行われたことから、尿の鑑定書の証拠能力が問題となった事案。

> **最判昭61.4.25**
> 　覚醒剤使用事犯の捜査にあたり、警察官が被疑者宅寝室内に<u>承諾なしに立ち入り</u>、また明確な承諾のないまま同人を警察署に任意同行したうえ、退去の申し出にも応じず同署に留め置くなど、任意捜査の域を逸脱した一連の手続に引き続いて尿の提出、<u>押収が行われた</u>場合には、その採尿手続は違法性を帯びるものと評価せざるを得ないが、被疑者に対し警察署にとどまることを強要するような警察官の言動はなく、また、<u>尿の提出自体はなんらの強制も加えられることなく、任意の承諾に基づいて行われているから、その違法の程度はいまだ重大であるとはいえず、尿についての鑑定書の証拠能力は否定されない。</u>

判例

G

Q 逮捕状の呈示なしに逮捕後、逮捕状へ虚偽事項を記入し、さらに内容虚偽の捜査報告書を作成し採尿した場合、その尿の鑑定書に証拠能力はあるか？ また、これに続いて令状に基づき発見された覚醒剤及びその鑑定書に証拠能力はあるか？

A 尿の鑑定書の証拠能力はないが、覚醒剤およびその鑑定書の証拠能力はある。

　被疑者を逮捕状の呈示なしに逮捕後、これを糊塗するため逮捕状へ虚偽事項を記入した上、さらに内容虚偽の捜査報告書を作成して採尿した後、その尿につき鑑定書を作成し、また、これに続いて覚醒剤を発見して、その鑑定書を作成したことから、覚醒剤およびその鑑定書の証拠能力が問題となった事案。

最判平15.2.14

　本件逮捕には、逮捕時に逮捕状の提示がないなど手続的な違法があるが、警察官は、その手続的な違法を糊塗する（ごまかす）ため、逮捕状へ虚偽事項を記入し、内容虚偽の捜査報告書を作成し、さらには、公判廷において事実と反する証言をしている。このような警察官の態度を総合的に考慮すれば、本件逮捕手続の違法の程度は、令状主義の精神を潜脱し、没却するような重大なものであると評価されてもやむを得ないものといわざるを得ない。そして、このような違法な逮捕に密接に関連する証拠を許容することは、将来における違法捜査抑制の見地からも相当でないと認められるから、その証拠能力を否定すべきである。

　本件採尿は、本件逮捕の当日にされたものであり、その尿は、上記のとおり重大な違法があると評価される本件逮捕と密接な関連を有する証拠であるというべきである。また、その鑑定書も、同様な評価を与えられるべきものである。したがって、上記鑑定書の証拠能力は否定される。

　次に、本件覚醒剤は、被告人の覚醒剤使用を被疑事実とし、被告人方を捜索すべき場所として発付された捜索差押許可状に基づいて行われた捜索により発見されて差し押さえられたものであるが、上記捜索差押許可状は上記の鑑定書を疎明資料として発付されたものであるから、証拠能力のない証拠と関連性を有する証拠というべきである。

　しかし、本件覚醒剤の差押えは、司法審査を経て発付された捜索差押許可状によってされたものであること、逮捕前に適法に発付されていた被告人に対する窃盗事件についての捜索差押許可状の執行と併せて行われたものであることなど、本件の諸事情にかんがみると、本件覚醒剤の差押えと上記の鑑定書との関連性は密接なものではないというべきである。したがって、本件覚醒剤及びこれに関する鑑定書については、その収集手続に重大な違法があるとまではいえず、その他、これらの証拠の重要性等諸般の事情を総合すると、その証拠能力を否定することはできない。

○×問題で復習

Q 〔1〕 違法収集証拠が排除されるのは、証拠物の押収手続に令状主義の精神を没却するような重大な違法があり、これを証拠として許容することが将来における違法な捜査の抑制の見地からして相当でない場合である。

〔2〕 警察官が被告人を意思に反して警察署に連行し、その状況を直接利用して所持品検査と採尿を行った手続が違法であっても、連行の際に被告人が落とした紙包みの中身が覚醒剤であると判断され、その時点で被告人を逮捕することが許されたのであれば、その違法の程度は重大であるとはいえず、覚醒剤の証拠能力は否定されない。

〔3〕 捜索の過程で警察官が覚醒剤を発見した後、被疑者の発言に触発されて暴力を振るった場合は、たとえ暴行が覚醒剤の発見後であってもその違法は重大であるから、覚醒剤の証拠能力は否定される。

〔4〕 覚醒剤使用の嫌疑のある甲に対し違法な留置きをした後は、引き続き適法に強制採尿手続を行った場合でも、一連の手続の違法の程度は重大であるから、強制採尿手続により得られた尿の鑑定書の証拠能力が否定される。

〔5〕 違法な取調べ中に獲得された上申書と、これに引き続く逮捕・勾留中に獲得された検察官調書は、その違法の程度が重大であるから、証拠能力が否定される。

〔6〕 自白を内容とする供述証拠については、違法収集証拠排除法則は採用されない。

〔7〕 一次的証拠と派生的証拠との関連性が希薄で、派生的証拠が独立の捜査で発見された場合には、証拠能力は認められる。

〔8〕 警察官が被疑者宅寝室内に承諾なしに立ち入り、明確な承諾のないまま警察署に任意同行した上、退去の申し出にも応じず警察署に留め置き、これに引き続いて尿を提出させて押収した場合、採尿手続は違法であるが、警察署にとどまることを強要せず、尿の提出も任意で行われた場合には、その違法の程度は重大であるとはいえず、尿の鑑定書の証拠能力は否定されない。

〔9〕 逮捕状の提示なしに違法に逮捕した後、違法性を隠し、内容虚偽の捜査報告書を作成した場合には、令状主義の精神を潜脱し没却するような重大なものであるため、逮捕当日に得た証拠はこれに密接に関連するので、証拠能力は認められない。

〔10〕 証拠能力のない鑑定書を疎明資料として発付された捜索差押許可状に基づいて覚醒剤を差し押さえた場合、覚醒剤とその鑑定書の証拠能力は否定される。

解答解説

○〔1〕 違法収集証拠が排除されるのは、証拠物の押収手続に令状主義の精神を没却するような重大な違法があり、これを証拠として許容することが将来における違法な捜査の抑制の見地からして相当でない場合である。

○〔2〕 警察官が被告人を意思に反して警察署に連行し、その状況を直接利用して所持品検査と採尿を行った手続が違法であっても、連行の際に被告人が落とした紙包みの中身が覚醒剤であると判断され、その時点で被告人を逮捕することが許されたのであれば、その違法の程度は重大であるとはいえず、覚醒剤の証拠能力は否定されない。

×〔3〕 捜索の過程で警察官が覚醒剤を発見した後、被疑者の発言に触発されて暴力を振るった場合は、たとえ暴行が覚醒剤の発見後であってもその違法は重大であ
<u>暴行と覚醒剤の発見に因果関係なし</u>
るから、覚醒剤の証拠能力は否定される。
<u>否定されない</u>

×〔4〕 覚醒剤使用の嫌疑のある甲に対し違法な留置きをした後は、引き続き適法に強
<u>強制採尿手続自体に違法がないなどの事情の下</u>
制採尿手続を行った場合でも、一連の手続の違法の程度は重大であるから、強
<u>一連の手続を全体としてみてもその違法の程度はいまだ重大であるとはいえない</u>
制採尿手続により得られた尿の鑑定書の証拠能力が否定される。
<u>否定されない</u>

○〔5〕 違法な取調べ中に獲得された上申書と、これに引き続く逮捕・勾留中に獲得された検察官調書は、その違法の程度が重大であるから、証拠能力が否定される。

× 〔6〕 自白を内容とする供述証拠については、違法収集証拠排除法則は採用されない。

採用される

○ 〔7〕 一次的証拠と派生的証拠との関連性が希薄で、派生的証拠が独立の捜査で発見された場合には、証拠能力は認められる。

○ 〔8〕 警察官が被疑者宅寝室内に承諾なしに立ち入り、明確な承諾のないまま警察署に任意同行した上、退去の申し出にも応じず警察署に留め置き、これに引き続いて尿を提出させて押収した場合、採尿手続は違法であるが、警察署にとどまることを強要せず、尿の提出も任意で行われた場合には、その違法の程度は重大であるとはいえず、尿の鑑定書の証拠能力は否定されない。

○ 〔9〕 逮捕状の提示なしに違法に逮捕した後、その手続的な違法を糊塗するために逮捕状に虚偽事項を記入し、さらに内容虚偽の捜査報告書を作成した場合には、その逮捕手続の違法の程度は、令状主義の精神を潜脱し没却するような重大なものであり、逮捕当日に採尿された尿の鑑定書はこれと密接に関連するものであるから、証拠能力は認められない。

× 〔10〕 証拠能力のない鑑定書を疎明資料として発付された捜索差押許可状に基づいて覚醒剤を差し押さえた場合、覚醒剤とその鑑定書の証拠能力は否定される。

司法審査が介在することにより関連性が密接でなくなっているため、証拠能力は否定されない

自　白 49分

関係条文

日本国憲法

（自己に不利益な供述と自白の証拠能力）

第38条　（略）

② 　強制、拷問若しくは脅迫による自白又は不当に長く抑留若しくは拘禁された後の自白は、これを証拠とすることができない。

③ 　何人も、自己に不利益な唯一の証拠が本人の自白である場合には、有罪とされ、又は刑罰を科せられない。

刑事訴訟法

（自白の証拠能力・証明力）

第319条　強制、拷問又は脅迫による自白、不当に長く抑留又は拘禁された後の自白その他任意にされたものでない疑のある自白は、これを証拠とすることができない。

② 　被告人は、公判廷における自白であると否とを問わず、その自白が自己に不利益な唯一の証拠である場合には、有罪とされない。

③ 　前2項の自白には、起訴された犯罪について有罪であることを自認する場合を含む。

（被告人の供述書・供述録取書の証拠能力）

第322条　被告人が作成した供述書又は被告人の供述を録取した書面で被告人の署名若しくは押印のあるものは、その供述が被告人に不利益な事実の承認を内容とするものであるとき、又は特に信用すべき情況の下にされたものであるときに限り、これを証拠とすることができる。但し、被告人に不利益な事実の承認を内容とする書面は、その承認が自白でない場合においても、第319条の規定に準じ、任意にされたものでない疑があると認めるときは、これを証拠とすることができない。

② 　被告人の公判準備又は公判期日における供述を録取した書面は、その供述が任意にされたものであると認めるときに限り、これを証拠とすることができる。

次は、自白に関する記述であるが、誤りはどれか。

〔1〕 「自白」とは、自己の犯罪事実の全部又は主要部分を認める旨の被告人（被疑者）の供述のことである。

〔2〕 強制、拷問又は脅迫による自白、不当に長く抑留又は拘禁された後の自白その他任意にされたものでない疑いのある自白には、証拠能力がない。

〔3〕 検察官が作成した供述録取書で被告人の署名若しくは押印のあるものは、その供述が自白を内容とするものであるときは、自白法則に抵触しない限り、証拠能力が認められる。

〔4〕 警察官が作成した供述録取書で被告人の署名若しくは押印のあるものは、その供述が自白を内容とするものであるときは、その供述が特に信用すべき情況の下にされたものであり、かつ、自白法則に抵触しない場合に限り、証拠能力が認められる。

〔5〕 被告人は、その自白が自己に不利益な唯一の証拠である場合には、有罪とされないから、自白により被告人を有罪とするためには、自白の内容を裏付ける補強証拠が存在することを要する。

〔解答〕〔4〕

STEP 1

自白とは、自己の犯罪事実の全部又は主要部分を認める旨の被告人（被疑者）の供述のことである。自白には、①任意性に疑いのある自白に証拠能力を認めないとする自白法則、②自白には補強証拠が必要であるとする補強法則がある。

自白の任意性は、自白が本人の意思でなされたものかどうか、自由に話すことができたかどうかで、判断される。

自白法則は、自白を得るために強制や拷問などの人権侵害が行われてきた歴史を繰り返さないようにするためにある。

STEP 2

任意性に疑いのある証拠の証拠能力が否定される趣旨は、

自白が虚偽である可能性を排除する点、被告人の黙秘権保障を担保する点にある。

　自白の任意性が問題となる類型としては、①利益誘導・約束による自白、②偽計による自白、③黙秘権の不告知による自白、④手錠などをかけたままの取調べ、⑤不当に長く抑留若しくは拘禁された後の自白等がある。

①利益誘導・約束による自白

　被疑者が、「自白をすれば起訴猶予にする」、「罰金で済むことでないか」など、被疑者の利益になる言葉や約束を信じてした自白には任意性がない。

②偽計による自白

　Aに対し、BがAとの共謀を自供したと嘘を告げたことにより、Aが共謀を認めた場合（いわゆる切り違え尋問）など、偽計によって被疑者が心理的強制を受け、その結果虚偽の自白が誘発されるおそれのある場合には、自白に任意性はない。

③黙秘権の不告知による自白

　取調べを通じて黙秘権の告知が一度もされなかった場合には、捜査官の黙秘権を尊重しない態度がうかがえ、また、黙秘権告知による被告人の心理的解放がなかったものと考えられるため、自白の任意性を否定する重要な資料となる。

④手錠などをかけたままの取調べ

　手錠をされたままの取調べは、心身になんらかの圧迫を与え、任意の自白は期待できないものと推定されるから、反証のない限り、その自白の任意性を疑うべきである。

⑤不当に長く抑留若しくは拘禁された後の自白

　抑留若しくは拘禁が自白を生んだ場合や、抑留若しくは拘禁の期間が長きにわたった後に初めて自白がなされ、抑留・拘禁と自白の間に因果関係がある場合、自白の任意性に疑いが生じる。

⑥その他

　上記①～⑤以外の場合にも任意性が疑われる場合がある。

被告人の供述調書に証拠能力を認めるための要件

	要　件
自　白	①任意性 ②供述録取書の場合、被告人の署名又は押印
不利益な事実の承認	①任意性 ②供述録取書の場合、被告人の署名又は押印
その他の事実の供述	①特信情況 ②供述録取書の場合、被告人の署名又は押印

PART 12 証拠能力

　自白に任意性があるかどうかを考える際のポイントは、自白が虚偽である可能性があるか、黙秘権の侵害があったかどうかである。ここでは、供述者の心理面をチェックしていくことになる。

　例えば、検察官に「自白をすれば起訴猶予にする。」と言われた被疑者は、「起訴をするのは検察官だったよな。その検察官が自白すれば起訴猶予にすると言っているのだから本当だろう。よし、自白しよう。」という心理になるだろうし、いわゆる切り違え尋問では、「はぁ。○○が共謀を自供してしまったのか。じゃあ、もうばれているのか。よし、自白しよう。」という心理になるだろう。

　このような過程をたどってされた自白には、虚偽が混ざっている可能性が否定できない。したがって、証拠能力が否定される。

　他方、取調べを通じて一度も黙秘権の告知がされなかった事案では、黙秘権告知による被告人の心理的な解放がないため、自白の証拠能力が否定されている。

　また、被告人は、その自白が自己に不利益な唯一の証拠である場合には有罪とされないが、この補強法則の趣旨は、自白偏重による誤判を防止することにある。この趣旨（自白偏重による誤判の防止）からすれば、補強証拠は犯罪の客観的部分について存在すればよい。

　そして、自白を補強すべき証拠は、必ずしも犯罪組成事実

の全部についてなければならないわけではなく、自白にかかる事実の真実性を保障し得るものであればよいから、犯罪の客観的部分について補強証拠があれば足りる。

　補強証拠は直接証拠・間接証拠のどちらでもよく、また、物証・人証を問わない。なお、共犯者の自白には補強証拠は必要ない。

ここに **Focus**

8分

PART
12

証拠能力

自白調書

❶　被告人の自白及び自白以外の不利益な事実を認める供述を内容とする、被告人作成の供述書・供述録取書（被告人の署名又は押印が必要）は、その自白及び供述の任意性に疑いがない場合に、証拠能力が認められる。

❷　被告人作成の供述書・供述録取書で被告人の署名若しくは押印のあるものは、不利益な事実の承認を内容としない場合、特に信用すべき情況の下に供述がなされていれば、証拠能力が認められる。

自白の任意性

❸　強制、拷問又は脅迫による自白、不当に長く抑留又は拘禁された後の自白その他任意にされたものでない疑いのある（任意性に疑いがある）自白は、証拠とすることができない。

❹　裁判においては、検察官が自白の任意性を証明しなければならない。

利益誘導・約束による自白

❺　利益誘導・約束による自白には任意性がない。【判例A】【判例B】【判例C】

偽計による自白

❻　共犯者が自白したと嘘の情報を与えて自白を得た場合、これに任意性は認められない。【判例D】

黙秘権の不告知による自白

❼　取調べにあたって黙秘権のあることをあらかじめ告知しなかったからといって、その取調べに基づく被疑者の供述が直ちに任意性を失うわけではない。【判例E】

❽　取調べを通じて黙秘権の告知が一度もされなかった場合には、自白の任意性を否定する重要な資料となる。【判例F】

手錠などをかけたままの取調べ

❾　手錠をされたままの取調べは、心身になんらかの圧迫を与え、任意の自白は期待できないものと推定されるから、反証のない限り、その自白の任意性を疑うべきである。

不当に長く抑留若しくは拘禁された後の自白

⑩ 抑留・拘禁と自白の間に因果関係がある場合、任意性が疑われる。【判例J】【判例K】

補強法則

⑪ 被告人は、その自白が自己に不利益な唯一の証拠である場合には、有罪とされない。

⑫ 自白を補強すべき証拠は、必ずしも犯罪組成事実の全部についてなければならないわけではなく、犯罪の客観的部分について補強証拠があれば足りる。【判例M】

⑬ 補強証拠は直接証拠・間接証拠のどちらでもよく、また、物証・人証を問わない。

⑭ 共犯者の自白には補強証拠は必要ない。

判例
A

Q 検察官が起訴猶予の可能性を示し、これを期待して自白をした場合、この自白に任意性はあるか？

A 任意性はない。

　検察官が被疑者に対して自白をすれば起訴猶予にする旨の発言をし、被疑者がこの言葉を信じて起訴猶予になることを期待して自白をした事案。

> **最判昭41.7.1**
> 　被疑者が、起訴不起訴の決定権をもつ検察官の、自白をすれば起訴猶予にする旨の言葉を信じ、起訴猶予になることを期待してした自白は、任意性に疑いがあるものとして、証拠能力を欠く。

判例
B

Q 取調官が被疑者に有利になる条件を提示した上でなされた自白に任意性はあるか？

A 任意性に疑いがある。

　警察官が被疑者に対して自白をすれば早く出してやるという趣旨の発言をし、被疑者がこの言葉を信じて早期釈放・減刑になることを期待して自白をした事案。

> **大阪高判昭41.11.28**
> 　A警察官が皆に言った言葉の裏に含まれている意味を考えると、それは、「この事件は軽い罪にあたるから、早く口を合わせて、寺銭を親分に払ったと言えば、早く出してやる」ということになり、右警察官の言葉を聞いた者が、そのおかれた立場から前記警察官の言葉を右の意味に理解したであろうことは容易に推察でき、A警察官も、皆がそのように理解し、被告人が寺銭を取った旨の供述をするであろうという効果を期待して前記のような発言をしたものと考えられる。そうすると、前記A警察官の発言は、被疑者らに早期釈放ないし減刑の利益を約束して、供述を要求したものというほかなく、従って、もし右利益の約束の履行を期待して供述した者があったとすれば、その者の供述は任意性に疑いがある。

判例

C

 取調べで警察官が、「罰金で済むことでないか」と発言した場合、その取調べにおける自白に任意性はあるか？

Ⓐ 任意性に疑いがある。

警察官が被告人に対して自白をすれば罰金で済む旨の発言をし、被告人が自白をした事案。

福井地決昭46.10.5

　警察官が被告人の取調べにあたって「罰金で済むことでないか」等と言ったような行為は、仮に自白をしても罰金で済むなら事情によっては他人の犯行をかぶってもよい、もしくは早期に釈放されるほうが得だ等の気持ちを被告人に抱かせ自白を誘発させる危険をもつものであって、警察官の言動の結果得られたおそれのある本件被告人の司法警察員に対する自白はその任意性に疑いがある。

判例

D

Ⓠ 切り違え尋問によって得られた自白に任意性はあるか？

Ⓐ 任意性に疑いがある。

警察官が切り違え尋問を行い、その結果被告人が自白をした事案。

最判昭45.11.25

　まず被告人に対し、実際は貞子がそのような自供をしていないのにかかわらず、同人が本件犯行につき被告人と共謀したことを自供した旨を告げて被告人を説得したところ、被告人が共謀を認めたので、被告人を貞子と交替させ、貞子に対し、被告人が共謀を認めていると告げて説得すると、同人も共謀を認めたので直ちにその調書を取り、さらに同人を被告人と交替させ、再度被告人に対し貞子も共謀を認めているが間違いないかと確認したうえ、その調書を取り、被告人が勾留されている警察署の警部補に対し、もう一度被告人を調べ直すよう指示し、同警部補が被告人を翌日取り調べた結果、被告人の司法警察員に対する供述調書が作成された。捜査官が被疑者を取り調べるにあたり偽計を用いて被疑者を錯誤に陥れ自白を獲得するような尋問方法を厳に避けるべきであることはいうまでもないところであるが、もしも偽計によって被疑者が心理的強制を受け、その結果虚偽の自白が誘発されるおそれのある場合には、右の自白はその任意性に疑いがあるものとして、証拠能力を否定すべきである。

判例
E

Q 黙秘権のあることを告げずに取調べをした場合、その取調べにおける自白に任意性はあるか？

A 直ちに任意性を失うわけではない。

　検察事務官が黙秘権を告知せずに取調べを行い、その取調べで被疑者が自白をした事案。

最判昭25.11.21
　検察事務官が、被疑者の取調べにあたって黙秘権のあることをあらかじめ告知しなかったからといって、その取調べに基づく被疑者の供述が直ちに任意性を失うということにならない。

判例
F

Q 取調べを通じて黙秘権の告知が一度もなかった場合、その取調べにおける自白に任意性はあるか？

A 任意性を否定する重要な資料になる。

浦和地判平 3 . 3 .25
　取調べを通じて黙秘権の告知が一度もされなかったような場合、捜査官の黙秘権を尊重しない態度がうかがえ、また、黙秘権告知による被告人の心理的解放がなかったものと考えられ、自白の任意性を否定する重要な資料となる。

判例

G

Ｑ 両手錠を施用したまま獲得した自白に任意性はあるか？

Ａ 取調べの雰囲気などを考慮し、任意性があると認められる場合がある。

被疑者に手錠を施用したまま取調べをし、その取調べで被疑者が自白をした事案。

最判昭38.9.13

すでに勾留されている被疑者が、捜査官から取り調べられる際に、さらに手錠を施されたままであるときは、その心身になんらかの圧迫を受け、任意の供述は期待できないものと推定せられ、反証のない限りその供述の任意性につき一応の疑いをさしはさむべきであると解するのが相当である。しかし、本件において検察官は被告人らに手錠を施したまま取調べを行ったけれども、終始おだやかな雰囲気のうちに取調べを進め、被告人らの検察官に対する供述は、すべて任意になされたものであることが明らかである。したがって被告人らの自白は、任意である。

両手錠をされたまま、「認めたら帰す」といった言葉を交えながら 2 人の警察官から執拗な取調べを受け、被告人が自白をした事例。

東京高判昭50.9.11

両手に手錠がはめられたままでの（本件の）取調べについて、明らかに任意性を欠くものと断ずることができないにしても、両手錠をされたまま、2 名の警察官により執拗な取調べがなされ、被告人の心身に不当な圧迫が加えられた状況のもとにおいて、任意にされたものではない疑いがある自白といわなければならない。

判例
H

Q 片手錠を施用したまま獲得した自白に任意性はあるか？

A 片手錠の施用と自白との間に因果関係が存在しないと認められる場合には、その取調べの際の自白は任意性がある。

被疑者に片手錠を施用したまま取調べをし、その取調べで被疑者が自白をした事案。

> **大阪高決昭48.3.27**
> 取調べに際し片手錠を施用したままであったときは、両手錠施用のときに比しその任意性のある場合の範囲をゆるく解し、前記の場合のほかに、その取調べが終始おだやかな雰囲気とはいわれない場合であっても、被疑者の年齢、境遇、社会的地位、性格、その他取調べの状況などからして、片手錠の施用と自白との間に因果関係が存在しないと認められる場合には、その取調べの際の自白は任意性がある。

判例
I

Q 手錠は外されているが腰縄をつけたまま獲得した自白に任意性はあるか？

A ある。

被疑者に腰縄を施用したまま取調べをし、その取調べで被疑者が自白をした事案。

> **東京高判昭48.5.21**
> 被告人には腰縄はついていたとしても、手錠は外された状態である。腰縄のついた状態は心身に対する圧迫感も手錠を施された状態に比して格段に少なく、それだけでは供述の任意性につき一応の疑いをさしはさむべき場合にあたるとまではいえない。また、被告人は、否認すべきは否認し、被告人が主張しようとするところは充分明らかに録取されている。したがって、被告人の各供述は任意になされたものというべきである。

判例
J

Q 不当に長く抑留若しくは拘禁された後の自白とは何か？

A 抑留若しくは拘禁が自白を生んだ場合や、抑留若しくは拘禁の期間が長きにわたって、その後に初めて自白があったような場合のことである。

証拠能力が否定される「不当に長く抑留若しくは拘禁された後の自白」とは何かが問題となった事案。

> **最大判昭23.11.17**
> 「不当に長く抑留若しくは拘禁された後の自白」というのは、抑留若しくは拘禁が自白を生んだ場合ばかりでなく、抑留若しくは拘禁の期間が長きにわたって、その後に初めて自白があったような場合には、抑留若しくは拘禁と自白との間に因果関係があったと見る趣旨である。したがって、反対に自白と抑留若しくは拘禁の生活との間に因果関係がないことが明らかである場合は、右の自白に含まれないものと考えるべきである。被告人は犯行直後から第２回予審訊問までは、終始殺意を認めており、自白と拘禁生活との間に因果関係がないことは明らかである。したがって、本件はいわゆる不当に長く抑留若しくは拘禁された後の自白ということはできない。

判例
K

Q 生命に危険を及ぼすおそれが強大となった者に対して、更に五十余日の勾留をしたことは、不当に長い抑留又は拘禁にあたるか？

A あたる。

心臓疾患のため、尿毒症を併発する等いかなる病変を来すかも測り知れない容態になった者を50日ほど勾留したことが「不当に長い抑留又は拘禁」にあたるかどうかが問題となった事案。

> **東京高判昭34.5.28**
> 心臓疾患のため、尿毒症を併発する等いかなる病変を来すかも測り知れない容態となり、生命に危険を及ぼすおそれが強大となった者に対し、更に五十余日も勾留を継続することは、たとえ事件の取調上勾留を必要とする事情があったとしても、その勾留は、不当に長い抑留又は拘禁にあたる。

判例

L

Ⓠ 承諾のあるポリグラフ検査の結果を告げた後の自白に任意性はあるか？

Ⓐ 任意性は認められる。

　被告人の承諾を得てポリグラフ検査をした後、取調べで検査の結果を告げたところ被告人が自白をした事案。

最決昭39.6.1
　承諾のもとに、鑑識の専門係員によってポリグラフ検査を行い、その後の取調べで、取調官が検査の結果を告げて真実を述べるように話したところ、被告人はしばらく沈黙していたが、やがて関係者に内密してくれるよう頼んでから、**本件犯行をすべて自白**するにいたった場合、その間には取調官が自白を強要したと認めるべき事跡は見あたらず、その自白の任意性を疑うべき事情も窺われない。

判例

M

Ⓠ 補強証拠は、犯罪組成事実の全部について必要か？

Ⓐ 必要でない。

　補強証拠が犯罪組成事実の全部について必要かどうかが問題となった事案。

最判昭23.10.30
　自白を補強すべき証拠は、必ずしも犯罪組成事実の全部についてなければならないわけではなく、自白にかかる事実の真実性を保障し得るものであればよい。

○×問題で復習

Q　〔1〕　自白とは、自己の犯罪事実の全部又は主要部分を認める旨の被告人（被疑者）の供述のことである。

〔2〕　被告人の自白及び自白以外の不利益な事実を認める供述を内容とする被告人作成の供述書・供述録取書で、被告人の署名若しくは押印のあるものは、その自白及び供述の任意性に疑いがない場合に、証拠能力が認められる。

〔3〕　被告人作成の供述書・供述録取書で被告人の署名若しくは押印のあるもので、不利益な事実の承認を内容としないものは、特に信用すべき情況の下に供述がなされた場合に、証拠能力が認められる場合がある。

〔4〕　被告人が自白の任意性を争う場合には、被告人が、自白が任意にされたものでないことを証明する。

〔5〕　被疑者が、起訴・不起訴の決定権をもつ検察官の、「自白をすれば起訴猶予にする」との言葉を信じて起訴猶予になることを期待して自白をしたとしても、その自白の任意性に疑いはない。

〔6〕　被疑者が、取調べ中の警察官の言葉を「自白すれば早く出してやる」という意味だと解釈し、警察官も、被疑者がそのように理解して供述をするだろうという効果を期待して発言をしたときには、その結果得られた供述には任意性がない。

〔7〕　取調べ中、警察官が「罰金で済むことでないか」と発言したとしても、その結果得られた被告人の司法警察員に対する自白の任意性に疑いはない。

〔8〕　いわゆる切り違え尋問の場合において、被疑者が偽計によって心理的強制を受け、その結果虚偽の自白が誘発されるおそれのある場合には、自白に任意性はない。

〔9〕　黙秘権のあることをあらかじめ告知せずに行った取調べに基づく被疑者の供述は直ちに任意性を失う。

〔10〕　取調べを通じて黙秘権の告知が一度もされなかった場合であっても、その黙秘権の告知は供述の任意性とは直接関係がないから、自白の任意性には影響を与えない。

〔11〕　片手錠をしたままの取調べは、自白の任意性については両手錠のときと同じように考えるべきであるから、取調べが終始おだやかな雰囲気とはいえない場合には、自白に任意性はない。

〔12〕　腰縄をつけたままの取調べは、手錠の場合と比べて心身に対する圧迫感が格段に少ないため、取調べ時に、否認すべきは否認し、その主張が充分に録取されているときには、供述に任意性がある。

〔13〕　抑留若しくは拘禁が生んだ自白や、抑留若しくは拘禁の期間が長きにわたった後に初めてなされた自白は「不当に長く抑留若しくは拘禁された後の自白」にあたる。

〔14〕　承諾を得てポリグラフ検査をした後、取調べにおいてポリグラフ検査の結果は容疑濃厚であったと告げて真実を述べるように話すと、関係者に内密にしてくれるよう頼んでから、犯行をすべて自白した場合には、自白を強要したといえず、その自白の任意性に疑いはない。

〔15〕　被告人は、自白を自己に不利益な唯一の証拠として、有罪とされない。

〔16〕　自白を補強すべき証拠は、犯罪組成事実の全部について必要である。

〔17〕　補強証拠は直接証拠・間接証拠のどちらでもよく、物証・人証を問わない。

〔18〕　共犯者の自白には補強証拠は必要ない。

PART 12　証拠能力

解答解説

○〔1〕　自白とは、自己の犯罪事実の全部又は主要部分を認める旨の被告人（被疑者）の供述のことである。

○〔2〕　被告人の自白及び自白以外の不利益な事実を認める供述を内容とする被告人作成の供述書・供述録取書で、被告人の署名若しくは押印のあるものは、その自白及び供述の任意性に疑いがない場合に、証拠能力が認められる。

○〔3〕　被告人作成の供述書・供述録取書で被告人の署名若しくは押印のあるもので、不利益な事実の承認を内容としないものは、特に信用すべき情況の下に供述がなされた場合に、証拠能力が認められる場合がある。

✕〔4〕　被告人が自白の任意性を争う場合には、被告人が、自白が任意にされたもので
　　　　　　　　　　　　　　　　　　　　　　検察官が自白が任意にされたものである
ないことを証明する。
こと

✕〔5〕　被疑者が、起訴・不起訴の決定権をもつ検察官の、「自白をすれば起訴猶予に
　　　　　　　　　　　　　　　　　　　　　　利益誘導がある
する」との言葉を信じて起訴猶予になることを期待して自白をしたとしても、そ
　　　　　　　起訴猶予になることを期待してした自白には任意性がない
の自白の任意性に疑いはない。

○〔6〕　被疑者が、取調べ中の警察官の言葉を「自白すれば早く出してやる」という意味だと解釈し、警察官も、被疑者がそのように理解して供述をするだろうという効果を期待して発言をしたときには、その結果得られた供述には任意性がない。

×〔7〕　取調べ中、**警察官**が「罰金で済むことでないか」と発言したとしても、その結
　　　　_{自白を誘発させる危険をもつ}
　　果得られた被告人の司法警察員に対する<u>自白の任意性に疑いはない</u>。
　　　　　　　　　　　　　　　　　_{自白の任意性に疑いがある}

○〔8〕　いわゆる切り違え尋問の場合において、被疑者が偽計によって心理的強制を受け、

　　その結果虚偽の自白が誘発されるおそれのある場合には、自白に任意性はない。

×〔9〕　黙秘権のあることをあらかじめ告知せずに行った取調べに基づく被疑者の供述

　　は直ちに任意性を失う。
　　　　　_{直ちに任意性を失うわけではない}

×〔10〕　取調べを通じて黙秘権の告知が一度もされなかった場合であっても、その黙秘
　　　　　　　　　　　　　　　　　　　　　　　　　　　　　　　　　_{捜査官の}
　　<u>権の告知は供述の任意性とは直接関係がないから</u>、自白の任意性には影響を与え
　　_{黙秘権を尊重しない態度がうかがえ、また、黙秘権告知による被告人の心理的解放がな}
　　ない。
　　_{かったものと考えられるため、自白の任意性に大きく影響を与える}

×〔11〕　片手錠をしたままの取調べは、自白の任意性については両手錠のときと同じよ
　　　　　　　　　　　　　　　　　　　　_{片手錠をしたままの取調べは、両手錠のときと比べ}
　　<u>うに考えるべきであるから</u>、取調べが終始おだやかな雰囲気とはいえない場合に
　　_{て任意性をゆるく考えるべき}
　　は、自白に任意性はない。
　　　　_{片手錠をしていたことと自白との間に因果関係がない場合には、自白に任意性がある}

○〔12〕　腰縄をつけたままの取調べは、手錠の場合と比べて心身に対する圧迫感が格段

　　に少ないため、取調べ時に、否認すべきは否認し、その主張が充分に録取されて

　　いるときには、供述に任意性がある。

○〔13〕　抑留若しくは拘禁が生んだ自白や、抑留若しくは拘禁の期間が長きにわたった

　　後に初めてなされた自白は「不当に長く抑留若しくは拘禁された後の自白」にあ

　　たる。

○〔14〕　承諾を得てポリグラフ検査をした後、取調べにおいてポリグラフ検査の結果は容疑濃厚であったと告げて真実を述べるように話すと、関係者に内密にしてくれるよう頼んでから、犯行をすべて自白した場合には、自白を強要したといえず、その自白の任意性に疑いはない。

○〔15〕　被告人は、自白を自己に不利益な唯一の証拠として、有罪とされない。

✕〔16〕　自白を補強すべき証拠は、犯罪組成事実の<u>全部について必要である</u>。
客観的部分について存在すればよい

○〔17〕　補強証拠は直接証拠・間接証拠のどちらでもよく、物証・人証を問わない。

○〔18〕　共犯者の自白には補強証拠は必要ない。

伝聞法則

関係条文

········· 刑事訴訟法 ·········

（伝聞証拠と証拠能力の制限）

第320条　第321条乃至第328条に規定する場合を除いては、公判期日における供述に代えて書面を証拠とし、又は公判期日外における他の者の供述を内容とする供述を証拠とすることはできない。

②　（略）

（被告人以外の者の供述書・供述録取書の証拠能力）

第321条　被告人以外の者が作成した供述書又はその者の供述を録取した書面で供述者の署名若しくは押印のあるものは、次に掲げる場合に限り、これを証拠とすることができる。

一　裁判官の面前（第157条の6第1項及び第2項に規定する方法による場合を含む。）における供述を録取した書面については、その供述者が死亡、精神若しくは身体の故障、所在不明若しくは国外にいるため公判準備若しくは公判期日において供述することができないとき、又は供述者が公判準備若しくは公判期日において前の供述と異なつた供述をしたとき。

二　検察官の面前における供述を録取した書面については、その供述者が死亡、精神若しくは身体の故障、所在不明若しくは国外にいるため公判準備若しくは公判期日において供述することができないとき、又は公判準備若しくは公判期日において前の供述と相反するか若しくは実質的に異なつた供述をしたとき。ただし、公判準備又は公判期日における供述よりも前の供述を信用すべき特別の情況の存するときに限る。

三　前2号に掲げる書面以外の書面については、供述者が死亡、精神若しくは身体の故障、所在不明又は国外にいるため公判準備又は公判期日において供述することができず、かつ、その供述が犯罪事実の存否の証明に欠くことができないものであるとき。ただし、その供述が特に信用すべき情況の下にされたものであるときに限る。

②　被告人以外の者の公判準備若しくは公判期日における供述を録取した書面又は裁判所若しくは裁判官の検証の結果を記載した書面は、前項の規定にかかわらず、これを証拠とすることができる。

③　検察官、検察事務官又は司法警察職員の検証の結果を記載した書面は、その供述者が公判期日において証人として尋問を受け、その真正に作成されたものであることを

供述したときは、第1項の規定にかかわらず、これを証拠とすることができる。

④　鑑定の経過及び結果を記載した書面で鑑定人の作成したものについても、前項と同様である。

（被告人の供述書・供述録取書の証拠能力）

第322条　被告人が作成した供述書又は被告人の供述を録取した書面で被告人の署名若しくは押印のあるものは、その供述が被告人に不利益な事実の承認を内容とするものであるとき、又は特に信用すべき情況の下にされたものであるときに限り、これを証拠とすることができる。但し、被告人に不利益な事実の承認を内容とする書面は、その承認が自白でない場合においても、第319条の規定に準じ、任意にされたものでない疑があると認めるときは、これを証拠とすることができない。

②　（略）

（その他の書面の証拠能力）

第323条　前3条に掲げる書面以外の書面は、次に掲げるものに限り、これを証拠とすることができる。

　一　戸籍謄本、公正証書謄本その他公務員（外国の公務員を含む。）がその職務上証明することができる事実についてその公務員の作成した書面

　二　商業帳簿、航海日誌その他業務の通常の過程において作成された書面

　三　前2号に掲げるものの外特に信用すべき情況の下に作成された書面

（伝聞供述の証拠能力）

第324条　被告人以外の者の公判準備又は公判期日における供述で被告人の供述をその内容とするものについては、第322条の規定を準用する。

②　被告人以外の者の公判準備又は公判期日における供述で被告人以外の者の供述をその内容とするものについては、第321条第1項第3号の規定を準用する。

（供述の任意性に関する調査）

第325条　裁判所は、第321条から前条までの規定により証拠とすることができる書面又は供述であつても、あらかじめ、その書面に記載された供述又は公判準備若しくは公判期日における供述の内容となつた他の者の供述が任意にされたものかどうかを調査した後でなければ、これを証拠とすることができない。

（当事者の同意と書面・供述の証拠能力）

第326条　検察官及び被告人が証拠とすることに同意した書面又は供述は、その書面が作成され又は供述のされたときの情況を考慮し相当と認めるときに限り、第321条乃至前条の規定にかかわらず、これを証拠とすることができる。

②　（略）

（証明力を争うための証拠）

第328条　第321条乃至第324条の規定により証拠とすることができない書面又は供述であつても、公判準備又は公判期日における被告人、証人その他の者の供述の証明力を争うためには、これを証拠とすることができる。

こんな問題が出る！

次は、伝聞法則とその例外に関する記述であるが、誤りはどれか。3分

〔1〕　いわゆる員面調書は、その作成の対象となった参考人が法廷で供述することができず、その供述が犯罪事実の存否の証明に欠くことができず、かつ、その供述が特に信用すべき情況の下になされたものであるときに限り、証拠能力を有する。

〔2〕　鑑定書の実質は「供述書」であり、鑑定人・鑑定受託者が公判期日において一定の証言をすれば、その鑑定書には証拠能力が与えられる。

〔3〕　員面調書は、被告人が刑事訴訟法第326条の規定により「証拠とすることに同意した」ときは、証拠能力を有する。

〔4〕　刑事訴訟法の規定により、「供述に代えて書面を証拠とすること」及び「他の者の供述を内容とする供述」については、原則として証拠能力が否定される。

〔5〕　検証調書及び実況見分調書については、その作成者が「偽造書面でない」旨を公判期日において証言したときは、証拠能力を有する。

〔解答〕〔5〕

PART 12 証拠能力

STEP 1　1分

　供述証拠のうち、法廷で反対尋問を受けていないもの（＝誤りがないかチェックを受けていないもの）を伝聞証拠という。伝聞証拠は、321条〜328条に規定する場合を除いては、公判期日における供述に代えて書面を証拠とすることはできず、公判期日外における他の者の供述を内容とする供述を証拠とすることもできない（伝聞法則）。

STEP 2　3分

　伝聞法則とは、公判期日外でなされた供述（伝聞証拠）につき、供述内容の真実性を立証するための証拠としては、原則として証拠能力を認めないとする法則のことである。

　伝聞証拠は、たとえば伝言ゲームのようなものである。

伝聞においては、知覚→記憶→叙述という過程をたどる中で誤りが混入しやすいため、証拠能力を制限する必要があるのである。供述が伝聞にあたるかどうかは、その証拠によって証明しようとする事実（要証事実）との関係で決まり、伝聞証拠にあたる場合には、刑事訴訟法上の伝聞例外の要件をみたさなければ証拠能力を認めることができない。

伝聞例外の要件（証拠能力を認めるための要件）

	要　件	何条の要件をみたすべきかが問題となるもの
裁面調書 （321条1項1号）	供述不能 又は 前と異なった供述	
検面調書 （321条1項2号）	供述不能 又は ①相反供述又は実質的に異なった供述 ②相対的特信情況	
員面調書 （321条1項3号）	①供述不能 ②不可欠性 ③絶対的特信情況	
捜査機関の検証調書 （321条3項）	真性に作成されたとの供述	・実況見分調書 ・実況見分調書記載の立会人の現場指示 ・実況見分調書に付されている現場写真
鑑定書 （321条4項）	真性に作成されたとの供述	・鑑定受託者作成の書面 ・私人作成の燃焼実験報告書
その他の書面（323条1号～3号）	戸籍謄本・公正証書謄本など	要件なし	
	商業帳簿・航海日誌など		カルテ
	特信情況の下で作成された書面		レシート、裏帳簿

裁面調書等の伝聞例外の要件

伝聞例外を認めるための要件は、裁面調書→検面調書→員面調書の順で、厳しくなっていく。供述録取書の場合、供述者の供述を書き取って作成した段階で1つ伝聞が生じているため、内容に間違いがないかを確認した上で署名又は押印をさせ、その部分の伝聞を解消する。

PART 12　証拠能力

ここに Focus

裁面調書

① 裁面調書とは、裁判官の面前でした供述を録取した書面のことである。

② 裁面調書（供述録取書については署名又は押印が必要）は、その供述者が公判で供述することができないとき、又は、供述者が公判で前の供述と異なった供述をしたときに証拠能力が認められる。

検面調書

③ 検面調書とは、検察官の面前でした供述を録取した書面のことである。

④ 検面調書（供述録取書については署名又は押印が必要）は、その供述者が公判で供述することができないとき、又は、公判で前の供述と相反するか、実質的に異なった供述をしたときで、公判における供述よりも前の供述を信用すべき特別の情況があるときに証拠能力が認められる。

員面調書

⑤ 員面調書とは、警察官の面前でした供述を録取した書面のことである。

⑥ 員面調書（供述録取書については署名又は押印が必要）は、その供述者が公判で供述することができず、かつ、その供述が犯罪事実の存否の証明に欠くことができないものであるときで、その供述が特に信用すべき情況の下にされたものであるときに証拠能力が認められる。

検証調書・実況見分調書

⑦ 検証調書とは、検証の結果を記載した書面のことである。

⑧ 検察官・検察事務官・司法警察職員の検証調書は、その供述者が公判で証人尋問を受けて、検証調書が真正に作成されたものであることを供述したときに、証拠能力が認められる。

⑨ 「真正に作成された」とは、調書の作成名義などの形式的な部分だけでなく、作成者が相当な方法で真摯に検証し、検証したとおりに正確に記載したことまで求められる。

⑩ 実況見分調書も検証調書に含まれるから、その供述者が公判で証人尋問を受けて、調書が真正に作成されたものであることを供述すれば、証拠能力が認められる。【判例A】

⑪ 実況見分調書に記載されている立会人の現場指示部分は、実況見分調書と一体のものであるから、その供述者が公判で証人尋問を受けて、検証調書が真正に作成されたものであることを供述すれば、証拠能力が認められる。【判例B】

⑫ 実況見分調書に記載されている現場供述部分は、その供述内容の真実性が問題となるため、321条ないし322条の要件を満たさなければ、証拠能力が認められない。

⑬ 実況見分調書に付されている犯行再現写真は伝聞証拠にあたるため、321条ないし322条の要件を満たさなければ、証拠能力が認められない。【判例C】

⑭ 実況見分調書に付されている単なる現場写真は、実況見分調書と一体のものとして証拠能力が認められる。

鑑定書

⑮ 鑑定書とは、裁判所・裁判官が命じた鑑定人が作成した書面のことである。

⑯ 鑑定書は、その供述者が公判で証人尋問を受けて、真正に作成されたものであることを供述したときに、証拠能力が認められる。

⑰ 「真正に作成された」とは、調書の作成名義などの形式的な部分だけでなく、作成者が相当な方法で真摯に鑑定し、鑑定したとおりに正確に記載したことまで求められる。

⑱ 捜査機関が嘱託した鑑定受託者が作成した書面も、その供述者が公判で証人尋問を受けて、真正に作成されたものであることを供述すれば、証拠能力が認められる。【判例D】

その他の書面

⑲ 公務員が職務上証明することができる事実につき作成した書面、業務の通常の過程で作成された書面、その他特に信用すべき情況の下で作成された書面には、証拠能力が認められる。

同 意

⑳ 伝聞例外の要件をみたさない場合であっても、検察官及び被告人が証拠とすることに同意した書面・供述は、書面作成・供述の際の情況を考慮し相当と認めるときには、証拠能力が認められる。

弾劾証拠

㉑ 弾劾証拠とは、供述の証明力を争うための証拠能力のことである。

㉒ 弾劾証拠は、伝聞例外の要件をみたさない場合であっても、証拠能力が認められる。

判例

A

Ⓠ 実況見分調書は321条3項の書面（検証調書）に含まれるか？

Ⓐ 含まれる。

交通事故事件における実況見分調書が321条3項に含まれるかどうかが争われた事案。

> **最判昭35.9.8**
> 刑訴法321条3項所定の書面にはいわゆる実況見分調書も包含するものと解する。

判例

B

Ⓠ 実況見分調書の立会人の現場指示部分は、証拠として認められるために、別途署名押印が必要になるか？

Ⓐ 必要ない。

交通事故事件で、捜査機関が任意処分として行う検証の結果を記載したいわゆる実況見分調書が証拠として認められるために、供述者の署名押印が必要となるかが争われた事案。

> **最判昭36.5.26**
> 実況見分の手段として被疑者、被害者その他の者をこれに立ち会わせ、立会人の指示説明としてそれらの者の供述を聴きこれを記載した実況見分調書には実況見分の結果を記載するにほかならず、供述としてこれを録取するのとは異なる。したがって、右供述者の署名押印を必要としない（よって、実況見分調書とは別の伝聞例外の要件をみたす必要はない。）。

判例 **C**

Q 実況見分調書の再現者の供述の録取部分・犯行再現写真が証拠として認められるためには何条の要件をみたす必要があるか？

A 321条3項（捜査機関の検証調書）＋321条1項2号（検面調書）ないし3号（員面調書）又は322条1項（被告人の供述書面）の要件をみたす必要がある。

実況見分調書の再現者の供述の録取部分・犯行再現写真部分について、実況見分調書が伝聞例外として認められる要件とは別に、特定の要件を満たす必要があるかどうかが問題となった事案。

最決平17.9.27

このような内容の実況見分調書や写真撮影報告書等の証拠能力については、刑訴法326条の同意が得られない場合には、同法321条3項所定の要件を満たす必要があることはもとより、再現者の供述の録取部分及び写真については、再現者が被告人以外の者である場合には同法321条1項2号ないし3号所定の、被告人である場合には同法322条1項所定の要件を満たす必要があるというべきである。もっとも、写真については、撮影、現像等の記録の過程が機械的操作によってなされることから前記各要件のうち再現者の署名押印は不要と解される。

判例 **D**

Q 鑑定受託者作成の鑑定書は321条4項の書面（鑑定人の鑑定書）に含まれるか？

A 含まれる。

最判昭28.10.15

捜査機関の嘱託に基づく鑑定書（刑訴223条）には、裁判所が命じた鑑定人の作成した書面に関する刑訴321条4項を準用すべきである。

判例 **E**

Q 私人作成の燃焼実験報告書は321条4項の書面（鑑定人の鑑定書）に含まれるか？

A 含まれる。

最決平20.8.27

上記作成者は、火災原因の調査、判定に関して特別の学識経験を有する者であり、本件報告書抄本は、同人が、かかる学識経験に基づいて燃焼実験を行い、その考察結果を報告したものであって、かつ、その作成の真正についても立証されていると認められるから、結局、本件報告書抄本は、同法321条4項の書面に準ずるものとして同項により証拠能力を有するというべきである。

○×問題で復習

Q　〔1〕　裁面調書は、その供述者が公判で供述することができないとき、又は、供述者が公判で前の供述と異なった供述をしたときに証拠能力が認められる。

〔2〕　検面調書は、その供述者が公判で供述することができないとき、又は、公判で前の供述と相反するか、実質的に異なった供述をしたときで、その供述が特に信用すべき情況の下にされたものであるときに限り証拠能力が認められる。

〔3〕　員面調書は、その供述者が公判で供述することができず、かつ、その供述が犯罪事実の存否の証明に欠くことができないものであるときで、公判における供述よりも前の供述を信用すべき特別の情況があるときに証拠能力が認められる。

〔4〕　検察官・検察事務官・司法警察職員の検証調書及び実況見分調書は、その供述者が公判で証人尋問を受けて、調書が真正に作成されたものであることを供述したときには、証拠能力が認められる。

〔5〕　実況見分調書に記載されている立会人の現場指示部分や現場供述部分は、実況見分調書と一体のものとして、321条3項の要件を満たせば証拠能力が認められる。

〔6〕　鑑定書は、その供述者が公判で証人尋問を受けて、真正に作成されたものであることを供述したときに、証拠能力が認められる。

〔7〕　鑑定受託者作成の書面は、321条4項に準じて証拠能力を認めることができるが、特別の学識経験を有する私人が作成した燃焼実験報告書は、あくまで私人が作成した書面であるため、321条4項の要件を満たしても証拠能力が認められる場合はない。

〔8〕　戸籍謄本、公正証書謄本、商業帳簿、カルテは無条件で証拠能力が認められるが、航海日誌、レシート、裏帳簿は、法定の要件を満たさない限り証拠能力が認められない。

〔9〕　伝聞例外の要件を満たさない場合であっても、検察官及び被告人が証拠とすることに同意した書面・供述は、書面作成・供述の際の情況を考慮し相当と認めるときには、証拠能力が認められる。

〔10〕　弾劾証拠は、伝聞例外の要件を満たさない場合であっても、証拠能力が認められる。

解答解説

〇〔1〕　裁面調書は、その供述者が公判で供述することができないとき、又は、供述者が公判で前の供述と異なった供述をしたときに証拠能力が認められる。

×〔2〕　検面調書は、その供述者が公判で供述することができないとき、又は、公判で前の供述と相反するか、実質的に異なった供述をしたときで、その供述が特に信
公判における供述
用すべき情況の下にされたものであるときに限り証拠能力が認められる。
よりも前の供述を信用すべき特別の情況があるときに証拠能力が認められる

×〔3〕　員面調書は、その供述者が公判で供述することができず、かつ、その供述が犯罪事実の存否の証明に欠くことができないものであるときで、公判における供
その供述が特に
述よりも前の供述を信用すべき特別の情況があるときに証拠能力が認められる。
信用すべき情況の下にされたものであるときに証拠能力が認められる

〇〔4〕　検察官・検察事務官・司法警察職員の検証調書及び実況見分調書は、その供述者が公判で証人尋問を受けて、調書が真正に作成されたものであることを供述したときには、証拠能力が認められる。

×〔5〕　実況見分調書に記載されている立会人の現場指示部分や現場供述部分は、実況
現場供述部分は実況見分調書と一体のものではない
見分調書と一体のものとして、321条3項の要件を満たせば証拠能力が認められ
現場供述部分は、321条3項のほか、321条1項2号
る。
ないし3号又は322条1項の要件をみたさなければ証拠能力は認められない

〇〔6〕　鑑定書は、その供述者が公判で証人尋問を受けて、真正に作成されたものであることを供述したときに、証拠能力が認められる。

×〔7〕　鑑定受託者作成の書面は、321条4項に準じて証拠能力を認めることができるが、特別の学識経験を有する私人が作成した燃焼実験報告書は、あくまで私人が作成した書面であるため、321条4項の要件を満たしても証拠能力が認められる

真正に作成されたもの

場合はない。

であることを供述すれば、証拠能力が認められる

×〔8〕　戸籍謄本、公正証書謄本、商業帳簿、カルテは無条件で証拠能力が認められるが、航海日誌、レシート、裏帳簿は、法定の要件を満たさない限り証拠能力が認

無条件で証拠能力が認められる

められない。

○〔9〕　伝聞例外の要件を満たさない場合であっても、検察官及び被告人が証拠とすることに同意した書面・供述は、書面作成・供述の際の情況を考慮し相当と認めるときには、証拠能力が認められる。

○〔10〕　弾劾証拠は、伝聞例外の要件を満たさない場合であっても、証拠能力が認められる。

MEMO

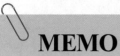 **MEMO**

刑事訴訟法研究会代表

樋笠 知恵

上智大学法学部法律学科卒業。上智大学法科大学院修了、法務博士。専門は刑事法・医事法。東京経営短期大学、芝浦工業大学、横浜商科大学、千葉商科大学等の非常勤講師、名古屋大学未来社会創造機構特任助教を経て、信州大学医学部公正研究推進講座助教（特定雇用）に着任。名古屋大学未来社会創造機構招聘教員、ヴュルツブルク大学法学部ロボット法研究所外国研究員なども務める。科学研究費助成事業においては、「人工呼吸器の付け替え行為の正当化」や「人工透析の治療中止における患者の意思の確定方法」を研究する。

1回30分のSAトレーニング

FOCUS —刑事訴訟法—

令和4年9月20日　初　版　発　行

著　　者　　刑事訴訟法研究会
発　行　者　　星　沢　卓　也
発　行　所　　東京法令出版株式会社

112-0002	東京都文京区小石川5丁目17番3号	03(5803)3304
534-0024	大阪市都島区東野田町1丁目17番12号	06(6355)5226
062-0902	札幌市豊平区豊平2条5丁目1番27号	011(822)8811
980-0012	仙台市青葉区錦町1丁目1番10号	022(216)5871
460-0003	名古屋市中区錦1丁目6番34号	052(218)5552
730-0005	広島市中区西白島町11番9号	082(212)0888
810-0011	福岡市中央区高砂2丁目13番22号	092(533)1588
380-8688	長野市南千歳町1005番地	

〔営業〕TEL 026(224)5411　FAX 026(224)5419
〔編集〕TEL 026(224)5412　FAX 026(224)5439
https://www.tokyo-horei.co.jp/

ISBN978-4-8090-1449-9